Innovational Leadership

Martina Swoboda

Innovational Leadership

Wie Sie Ihr Team mit Digitalisierung
und Selbstorganisation zu Innovation
und Kreativität führen

Martina Swoboda
München, Deutschland

ISBN 978-3-662-65782-9   ISBN 978-3-662-65783-6 (eBook)
https://doi.org/10.1007/978-3-662-65783-6

Die Deutsche Nationalbibliothek verzeichnet diese Publikation in der Deutschen Nationalbibliografie; detaillierte bibliografische Daten sind im Internet über http://dnb.d-nb.de abrufbar.

Planung/Lektorat: Mareike Teichmann
Springer Gabler ist ein Imprint der eingetragenen Gesellschaft Springer-Verlag GmbH, DE und ist ein Teil von Springer Nature.
Die Anschrift der Gesellschaft ist: Heidelberger Platz 3, 14197 Berlin, Germany

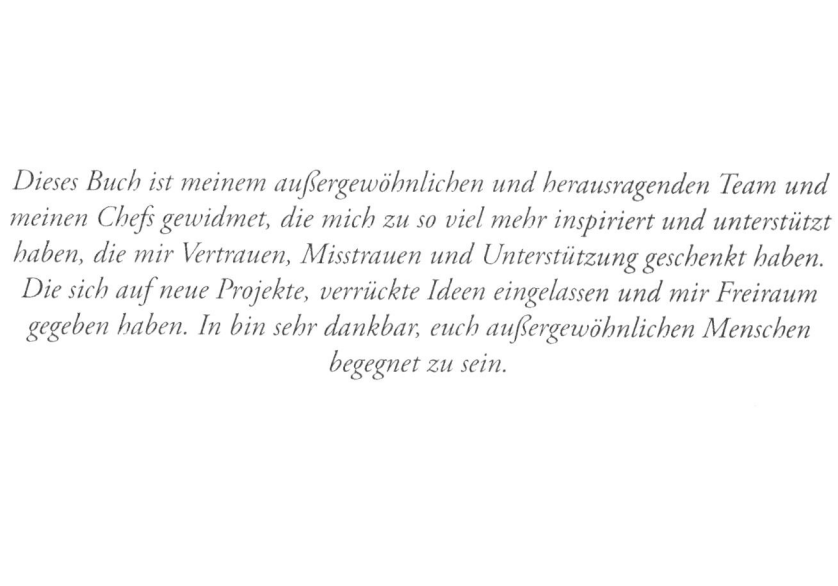

Dieses Buch ist meinem außergewöhnlichen und herausragenden Team und meinen Chefs gewidmet, die mich zu so viel mehr inspiriert und unterstützt haben, die mir Vertrauen, Misstrauen und Unterstützung geschenkt haben. Die sich auf neue Projekte, verrückte Ideen eingelassen und mir Freiraum gegeben haben. In bin sehr dankbar, euch außergewöhnlichen Menschen begegnet zu sein.

Inhaltsverzeichnis

1   **Einleitung**   1
     Literatur   3

2   **Die Methode Innovational Leadership**   5
     2.1   Kurze Einführung   5
     2.2   Megatrends und Innovational Leadership   8
     2.3   Entwicklungsstufen von Organisation und Innovational Leadership   11
     Literatur   14

3   **Die Zukunft digital gestalten – von Ängsten und Möglichkeiten**   15
     3.1   Digital Leadership – wie Führung virtuell gelingen kann   15
     3.2   Neue Anforderungen an Führungskräfte   19
     3.3   Hybride Führung – Interview mit Sabrina Gall   26
     3.4   Sich neu als Führungskraft definieren   29
     3.5   Data und Analytics nutzen   37

3.6   Digitale Transformation und Innovation
      heute – Interview mit Professor Dr. Runsjak   41
Literatur   44

4   **Mit Selbstorganisation das Basisgeschäft sichern**   47
4.1   Soziale Nachhaltigkeit   47
4.2   Soziale Nachhaltigkeit – Interview
      mit Professor Dr. Esin Bozyazi   50
4.3   Selbstorganisation – Grundsätzliches   54
4.4   Vertrauen und Eigenverantwortung als Eckpfeiler   61
4.5   Ein möglicher Weg im Konzern   70
4.6   Interview mit der DB Akademie – eine agile
      Organisation der Deutschen Bahn   78
4.7   Jeder Mensch ist anders   83
4.8   Nutzen für Unternehmen, Führungskräfte
      und Mitarbeiter   87
      4.8.1   Nutzen für Unternehmen
              und Führungskräfte   87
      4.8.2   Nutzen für Mitarbeiter   93
4.9   Interview mit Maren und Matthias Wagener von
      Vast Forward – virtuelle Führung leicht gemacht   96
4.10   Basisgeschäft sichern   100
      4.10.1   Definition von Basisgeschäft   100
      4.10.2   Das Zusammenspiel   101
      4.10.3   Weitere Faktoren   104
4.11   Wann Sie es lieber lassen sollten   107
4.12   Mit kleinen Experimenten loslegen   109
Literatur   112

5   **Von innovativen Arbeitswelten**   113
5.1   Was ist Innovation   115
5.2   Der Weg zu Kreativität und Innovation   117
5.3   Unter welchen Umständen kann Innovation
      entstehen?   119
5.4   Metaversum – Interview mit Professor
      Dr. Detscher   121

5.5   Muss Innovation unterstützt werden?   126
5.6   Interview mit Klinker & Klunker – einem
        innovativ aufgestellten Unternehmen   126
5.7   Innovation und globale Verantwortung   135
5.8   Soziale Innovation entstehen lassen – Interview
        mit Professor Dr. Voit   137
5.9   Hindernisse auf dem Weg zur Innovation   142
        5.9.1   Innovationssperren   142
        5.9.2   Der Mensch und die Veränderung   144
        5.9.3   Vom Mut, Dinge anders zu tun   145
        5.9.4   Angst als Superpower   146
5.10   Unbox – Limitierungen aufheben   148
        5.10.1   Die Box   148
        5.10.2   Das Thoughtware-Upgrade – Eigene
                 Grenzen erweitern   150
        5.10.3   Sei wie flüssiges Gold   151
        5.10.4   Das Interview mit Tatjana Kiel zur
                 Methode FACE – Der Weg zur
                 Willenskraft   153
        5.10.5   Experimente   155
5.11   Wann sich Innovation zeigt   160
        5.11.1   Wie Sie Ihr Team zur Innovation führen   161
        5.11.2   Von zu navigierenden Räumen   165
Literatur   168

6   Die selbst innovierende Organisation   169
     Literatur   172

Über die Autorin

Martina Swoboda Die Autorin Martina Swoboda ist eine erfahrene Führungskraft, die ihre eigene Methode Innovational Leadership „on the job" über fünf Jahre hinweg als Pionierin im Großkonzern eigens entwickelt und erfolgreich eingesetzt hat. Das Ziel ihrer Methode ist es, nachhaltige und langfristig widerstandsfähige Unternehmen und Bereiche aufzubauen. Nun ist die Autorin als Dozentin an Hochschulen und als Beraterin für Unternehmen unterwegs, um Ihnen zu mehr Nachhaltigkeit und langfristigen Erfolg in diesen unsicheren Zeiten zu verhelfen.

1

Einleitung

Wie können Unternehmen in diesen unsicheren Zeiten langfristig erfolgreich und widerstandsfähig am Markt bestehen? Diese Herausforderung trifft alle Arten von Unternehmen. Innovational Leadership zeigt einen einfach umsetzbaren Weg auf, um den eigenen Blick zu schärfen und vorher noch nicht gesehene Möglichkeiten aufzuzeigen [1].

> Montagmorgen, acht Uhr, draußen hat es schon zwanzig Grad. Sie sind mit dem Fahrrad zur Arbeit gefahren. Ihre Haare sind vom Fahrtwind noch ganz zerzaust. Sie fühlen sich frisch, energiegeladen und freuen sich auf den Tag. Sie haben noch die frische Luft und den Duft des Flieders in der Nase. Auf dem Weg zur Kaffeemaschine grüßen Sie die Kollegen freudig. Sie wissen genau, warum Sie hier so gern arbeiten. Auf dem Rückweg zu Ihrem Büro spüren sie erste spannende Gedanken in Ihnen aufsteigen. Sie bleiben vor Ihrem Büro stehen. Ihnen kommt genau jetzt der Impuls, womit Sie heute loslegen wollen. Und der Kaffee in Ihrer Tasse duftet herrlich. Schon sind Sie auf dem Weg.

Für die meisten von uns beginnt die Arbeitswoche anders. Sie kommen schwer aus dem Bett und denken sich: Hoffentlich ist es bald wieder Wochenende – ein Leben auf den Feierabend und aufs Wochenende

M. Swoboda, *Innovational Leadership*, https://doi.org/10.1007/978-3-662-65783-6_1

ausgerichtet. Keinerlei Leichtigkeit, Freude an der Arbeit, Ideen oder gar Passion. Wie ist es bei Ihnen?

Um ein Unternehmen langfristig erfolgreich am Markt zu halten und innovativ zu arbeiten, sind passionierte Mitarbeiter essenziell. Wie Sie diese entwickeln und anziehen, um Ihr Unternehmen widerstandsfähig aufzustellen, erfahren Sie in diesem Buch. Innovational Leadership ist ein nachhaltiger Weg, um genau dieses Ziel zu erreichen. Dieses Buch beruht auf meinen Erfahrungswerten aus der Praxis. Es ist somit ein Hands-on-Buch. Das Innovational-Leadership-Konzept wurde von mir entwickelt und erfolgreich im Konzern eingesetzt.

Sie erwarten Beispiele aus der Praxis, Tipps für die Umsetzung und ihre ersten Schritte. Da Innovation von Inspiration lebt, habe ich für Sie Interviews mit Experten und anderen Praktikern geführt. Innovational Leadership wird somit für Sie lebendig, nimmt Sie mit und vermittelt Ihnen beim Lesen ein mögliches nächstes Mindset.

Innovation beginnt da, wo unsere Erfahrung und unser Wissen aufhören

Um diesem Leitgedanken gerecht zu werden, finden Sie Experimente und neue Sichtweisen zum Thema Führung in diesem Buch. Es soll Sie anregen, Ihren Blickwinkel zu verändern und eine neue Denkweise einzunehmen. Manche Dinge werden Sie ablehnen. Sie werden sich vielleicht sogar aufregen und den ein oder anderen Absatz zerpflücken. So soll es sein. Ich lade Sie zu einer Entdeckungsreise ein. Entdecken Sie neue Möglichkeiten und bringen Sie mehr Freude und Leichtigkeit in Ihr Arbeitsleben.

Wir verlassen die Komfortzone des Bekannten

Und brechen auf in eine Welt der Führung, die Ihnen möglicherweise so nicht bekannt ist und die Sie aufrütteln wird. Die Dinge, die für Sie nützlich sind, werden sich als Meme in Ihrer Gedankenwelt festsetzen.

Dieses Buch und seine Meme werden Ihre Denkmuster auf einen neuen Stand bringen, wie bei einem Softwareupdate.

Das Buch startet bodenständig, um Sie abzuholen und mitzunehmen in die außergewöhnliche Welt des Innovational Leadership. Zuerst wenden wir uns der Definition von Innovational Leadership (Kap. 2) zu und bewegen uns weiter in die Welt der Digitalisierung (Kap. 3). Im nächsten Schritt zeige ich Ihnen die Chancen von selbstorganisierten Teams auf (Kap. 4). Digitalisierung und Selbstorganisation bilden das Fundament, um die Brücke zu Kreativität schlagen zu können (Kap. 5). Der abschließende Abschnitt des Buchs beschäftigt sich mit den Voraussetzungen von Innovation und Möglichkeiten, diese ins Tagesgeschäft zu integrieren (Kap. 6).

Lassen Sie uns starten.

Literatur

1. Swoboda, M. (2022). Von der Hierarchie zur Innovation – mit Innovational Leadership. In E. Bozyazi & D. Kurt (Hrsg.), Soziale Nachhaltigkeit und digitale Transformation (S. 129–141), Stuttgart: Schäffer-Poeschel.

2

Die Methode Innovational Leadership

Wie können Unternehmen in diesen unsicheren Zeiten langfristig erfolgreich und widerstandsfähig auf dem Markt bestehen? Dies wird zunehmend schwieriger. Innovational Leadership bietet praktisch anwendbare und gewinnbringende neue Möglichkeiten für diese Herausforderung. Innovational Leadership zeigt einen Weg hin zu einer Führungskultur mit dem Ziel, selbstinnovierende Unternehmen zu schaffen [4].

Die Basis von Innovational Leadership bilden die Selbstorganisation und virtuelle Führung. Das Konzept wurde von mir in einem Großkonzern entwickelt und erfolgreich eingesetzt. Innovational Leadership ist für jede Größe und Art von Unternehmen gewinnbringend und skalierbar [4].

2.1 Kurze Einführung

Was verstehen wir unter Innovation?

Bisher liegt *kein geschlossener, allgemein gültiger* Innovationsansatz bzw. keine allgemein akzeptierte Begriffsdefinition vor. Gemeinsam sind allen Definitionsversuchen die *Merkmale:*

© Der/die Autor(en), exklusiv lizenziert an Springer-Verlag GmbH, DE, ein Teil von Springer Nature 2022
M. Swoboda, *Innovational Leadership*, https://doi.org/10.1007/978-3-662-65783-6_2

> (1) *Neuheit* oder *(Er-)Neuerung* eines Objekts oder einer sozialen Handlungsweise, mindestens für das betrachtete System, und
> (2) *Veränderung* bzw. *Wechsel* durch die Innovation in und durch die Unternehmung, d. h. Innovation muss entdeckt/erfunden, eingeführt, genutzt, angewandt werden [2].
>
> Eine Bezeichnung in den Wirtschaftswissenschaften für die mit technischem, sozialem und wirtschaftlichem Wandel einhergehenden (komplexen) Neuerungen [2].

Innovation meint im Kontext von Innovational Leadership [4]:

- Neue Möglichkeiten schaffen
- Überflüssiges weglassen
- Prozesse neu und effektiv denken
- Konzepte auf die aktuelle Situation zuschneiden
- Veränderung und Weiterentwicklung als Tagesgeschäft ansehen
- Neue Produkte und Dienstleistungen für Kunden kreieren
- Den Menschen zurück in den Fokus stellen und soziale Nachhaltigkeit leben

Die Definition von Innovation kann je nach Branche variieren. Für die eine Firma ist es die Erfindung eines noch nie dagewesenen Produkts. Für andere Unternehmen kann ein neuer Prozess höchst innovativ und zukunftsweisend sein [4].

Lassen Sie sich vom Begriff Innovation nicht einschränken oder abschrecken. Das Ziel von Innovational Leadership ist es, Kreativität und neue Denkprozesse in Ihnen und Ihren Mitarbeitern hervorzurufen. Kreativität, die automatisch zu innovativen Ideen führen wird. Innovational Leadership holt Sie bei Ihrem jetzigen X auf der Landkarte ab und begleitet Sie hin zu Kreativität und Innovation in Ihrem Unternehmen. Innovation wird Schritt für Schritt zu Ihrem Arbeitsalltag [4].

> Wenn Sie von heute auf morgen Innovation etablieren wollen, ist es nicht die richtige Methode.

Fazit

Innovational Leadership ist eine sozial nachhaltige Methode, deren Potenzial sich in der mittel- und langfristigen Anwendung entfaltet. Das Konzept kann Ihrem Unternehmen langfristig zu Erfolg und Widerstandsfähigkeit am Markt verhelfen.

Definition: Führung

Der Begriff Führung ist nicht final definiert. Nach Weibler [5] gibt es folgende wichtige Merkmale:

- Die Persönlichkeit der Führungskraft
- Den Einfluss, den sie ausübt
- Bestehende Machtbeziehungen
- Persönliche Interaktion und dadurch erzielte Ergebnisse
- Die Rollendifferenzierung

Der Begriff *Führung* kann mit *Leadership* übersetzt werden. Im Kontext von Innovational Leadership meint *Leadership* die Führung von Menschen, das Entwickeln von Visionen, denen gefolgt werden kann. Leadership ist „Führung im eigentlichen Sinn" [1]. Leader sind Visionäre, die dem Unternehmen Veränderung bringen und Innovation etablieren. Sie versetzen sich mit Empathie in ihre Mitarbeiter hinein und setzen sich für gemeinsame Ziele ein. Sie haben die Fähigkeit, Menschen zu inspirieren und mitzunehmen.

Ein Innovational Leadership inspiriert Menschen kreativ zu arbeiten, Innovation zu schaffen und Sinn und Freude an ihrer Arbeit zu erleben. In unserer immer schneller werdenden und unsicheren Welt sind es genau diese Fähigkeiten, die über das Bestehen oder Fallen von Unternehmen entscheiden. Zudem ist die Etablierung von sozialer Nachhaltigkeit im Unternehmen ein großes Anliegen von Innovational Leadership [3].

Der Mensch ist Quelle aller Innovation. Rücken Sie die Menschen durch
sozial nachhaltige Führung zurück in den Fokus.

2.2   Megatrends und Innovational Leadership

Megatrends sind heute die größten Treiber von Veränderungen. Wenn
wir nur einige davon betrachten, wird klar, dass eine neue Art der
Führung und Zusammenarbeit benötigt wird.

Der Megatrend Individualisierung
Individuelle Kundenlösungen aus den Bereichen Big Data, Internet of Things und künstlicher Intelligenz werden mehr und mehr
gefordert. Es gibt aufgrund der technischen Möglichkeiten eine noch
nie zuvor dagewesene Auswahlfreiheit und Anzahl an Möglichkeiten.
Individualität und einzigartige Lösungen sind zu einer gesellschaftlichen
Erwartung geworden, die zunehmend erfüllt wird. Diese Erwartungen
übertragen sich natürlich auch auf Mitarbeiter in Unternehmen. Aktuell
ist dieser Megatrend noch stark egoistisch geprägt. Laut den Prognosen
wird dieser egoistische Trend in eine Wir-Kultur umschwenken [2].

> „Im Megatrend Individualisierung spiegelt sich das zentrale Kultur-
> prinzip der aktuellen Zeit: Selbstverwirklichung innerhalb einer einzig-
> artig gestalteten Individualität. Er wird angetrieben durch die Zunahme
> persönlicher Wahlfreiheiten und individueller Selbstbestimmung. Dabei
> wird auch das Verhältnis von Ich und Wir neu ausgehandelt. Es wächst
> die Bedeutung neuer Gemeinschaften, die der Individualisierung künftig
> ein neues Gesicht verleihen." [7]

Der Megatrend Konnektivität
Die neuen technologischen Möglichkeiten haben dazu geführt, dass
wir mittlerweile innerhalb eines Netzwerks von Netzwerken leben.
Wir sind in unserem Alltag kontinuierlich vernetzt und dies prägt
unser Geschäftsleben. Hier sind globale Lieferketten und Produktions-
systeme hochgradig vernetzt. Ökonomisch hat dies in den letzten Jahren

zu großen Effizienzgewinnen geführt. Jedoch führt die Zunahme an Konnektivität auch zu einer höheren Komplexität. Die Möglichkeiten der Vernetzung sind noch lange nicht ausgeschöpft. Sie werden weiter zunehmen und zu einer gesellschaftlichen sowie individuellen Veränderung führen. Diese Veränderungen werden unsere Werte, Einstellungen und Denkmuster beeinflussen [2].

Wenn wir aktuell auf viele Unternehmen schauen, ist die innere und äußere Vernetzung noch nicht vollzogen. Es herrschen weiterhin Silostrukturen vor, die Effizienz und Austausch verhindern. Dies führt langfristig dazu, dass solche Unternehmen für ihre immer komplexer werdende Umwelt und Kundenprobleme keine Lösungen mehr finden werden. Konnektivität erfordert Transparenz und somit Offenheit für Austausch und Neues. Bevor diese Kultur nicht im Unternehmen verankert ist, wird keine technische Lösung weiterhelfen. Dies zeigt, dass sich Veränderungen auf mehreren Ebenen vollziehen müssen. Eine Veränderung auf rein technischer Ebene ist nicht nachhaltig. Die Konnektivität kann als wirkungsträchtigster Megatrend bezeichnet werden [2].

> „Der Megatrend Konnektivität beschreibt das dominante Grundmuster des gesellschaftlichen Wandels im 21. Jahrhundert: das Prinzip der Vernetzung auf Basis digitaler Infrastrukturen. Vernetzte Kommunikationstechnologien verändern unser Leben, Arbeiten und Wirtschaften grundlegend. Sie reprogrammieren soziokulturelle Codes und bringen neue Lebensstile, Verhaltensmuster und Geschäftsmodelle hervor." [8]

Der Megatrend New Work
Beim Megatrend New Work dreht es sich zumeist um die durch die Digitalisierung entstehenden Veränderungen in der Arbeitswelt. Aus diesen Veränderungen ergeben sich neue Sinn- und Wertefragen [2].

> „Das Verständnis von Arbeit befindet sich unter dem Einfluss von Digitalisierung und Postwachstumsbewegungen grundlegend im Wandel: Die klassische Karriere hat ausgedient, die Sinnfrage rückt in den Vordergrund. Die Grenzen zwischen Leben und Arbeiten verschwimmen im Alltag auf produktive Weise. Als Arbeit gilt künftig die Summe aller Beschäftigungen zu unterschiedlichen Lebensphasen.

Die rationale Leistungsgesellschaft des Industriezeitalters mit Überstunden, Konkurrenzkampf und Präsenzzeiten hat sich als nicht
zukunftsfähig erwiesen. Mit der Corona-Krise als Beschleuniger
setzen sich New-Work-Modelle nun rasant durch. Der krisen-
bedingte Digitalisierungsschub fördert neue   Arbeitsstrukturen,   die
von Work-Life-Blending, Kollaboration und Remote   Work geprägt
sind. Unternehmenskulturen werden agiler und adaptiver, während Mitarbeitende sich stärker als Problemlöser für gesellschaftliche Zukunftsauf-
gaben sehen … .

… Wir befinden uns in einer Zeit des Übergangs: Die kapitalistisch
geprägten Vorstellungen von Karriere und Erfolg treten sukzessive in
den Hintergrund. An ihrer Stelle nehmen Werte Platz, die nicht mehr
unbedingt an harte Faktoren wie Einkommenshöhe und Status gekoppelt
sind, sondern die mit weichen Faktoren wie Sinnhaftigkeit, Gestaltungs-
möglichkeiten und Vereinbarkeit von Beruf und Privatleben verbunden
sind … .

… Die Sinn-Ökonomie impliziert ein verändertes Verständnis von
Fortschritt, bei dem das beste und nicht das neueste Produkt das Wert-
vollste ist. Dabei definiert sich das beste Produkt nicht mehr allein
über qualitativ hochwertige Materialien oder die angenehmste User
Experience, sondern ergibt sich aus einer Kombination aus ökologischen,
ökonomischen und ethischen Werten. Diese müssen nicht mehr
unmittelbar mit dem Produkt zu tun haben." [9]

Der Megatrend Neoökologie

„Ob Kaufentscheidungen, gesellschaftliche Handlungsmoral oder Unter-
nehmensstrategien: Der Megatrend Neo-Ökologie etabliert ein neues
Werte-Set, das in jeden Bereich unseres Alltags hineinreicht. Das Nach-
haltigkeitsparadigma reprogrammiert die Codes der globalen Gesellschaft,
der Kultur und der Politik – und richtet unternehmerisches Handeln
sowie das gesamte Wirtschaftssystem fundamental neu aus.

Umweltbewusstsein und Nachhaltigkeit avancieren   zunehmend   vom
individuellen Lifestyle und Konsumtrend zur gesellschaftlichen Bewegung –
und zu einem zentralen Wirtschaftsfaktor, der alle unternehmerischen

Sphären beeinflusst. Konsumierende und Beschäftigte etablieren neue Logiken und Wertesysteme, „Umwelt" im weitesten Sinne wird zur Grundlage einer neuen globalen Identität. Der Megatrend redefiniert die Werte der globalen Gesellschaft, der Alltagskultur und der Ökonomie." [10]

Das Zukunftsinstitut hat vier Thesen zum Megatrend der Neoökologie aufgestellt [10]:

- Der Mensch lässt ab vom Glauben, der Herrscher der Welt zu sein, und versteht sich als Teil der Erde. Er reintegriert sich in das globale System.
- Ein nachhaltiger und intelligenter Umgang mit Ressourcen wird im Mittelpunkt stehen unter der Agenda Green Tech.
- Es wird eine Sinnökonomie geben. Der Fokus der Wirtschaft von morgen wird auf Nachhaltigkeit und Gemeinwohl liegen.
- Eine neue Globale Generation wird die Wirtschaft verändern. Sinn, sozialer Mehrwert und kritischer Konsum werden im Mittelpunkt stehen mit dem Ziel, eine nachhaltige und gerechtere Wirtschaft und Gesellschaft entstehen zu lassen.

Alle vier Megatrends werden vom Innovational-Leadership-Konzept abgedeckt und proaktiv unterstützt. Innovational Leadership ist nachhaltig, sozial, gibt Sinn und lässt Eigenverantwortung wachsen. Digitalisierung, New-Work-Ansätze und der Mensch als Individuum bilden darin die Basis für eine grüne und nachhaltige Innovation.

2.3 Entwicklungsstufen von Organisation und Innovational Leadership

Es lassen sich unterschiedliche gesellschaftliche, technologische und industrielle Entwicklungsstufen oder auch Reifegrade von Organisationen identifizieren. Die jeweiligen Entwicklungsstufen haben spezifische Organisationsformen. Anhand des Spiral-Dynamics-Modells werden wir das Innovational-Leadership-Modell verorten [2].

Für die Darstellung werden im Folgenden die am häufigsten vorkommenden Stufen herausgegriffen mit Bezug zu Organisationen und Unternehmen.

Blau

Bei blauen Organisationen handelt es sich um **traditionelle Unternehmen**. Sie arbeiten mit einer hierarchischen Kultur. Der Höhere in der Hierarchie gewinnt. Das Leitbild ist geprägt durch Stabilität, Gehorsam und Unterordnung. Im Kontext der blauen Organisation sind die Märkte lokal, die Wissensbasis verändert sich nur langsam. Es herrscht ein geringer Innovationsdruck. Die Nachfrage ist meist größer als das Angebot. Es handelt sich um einen stabilen Kontext. Das Führungsleitbild geht davon aus, dass Mitarbeiter ständig kontrolliert und angetrieben werden müssen. Dienst nach Vorschrift ist in diesem Kontext eine Würdigung. Wer Fehler macht, wird schnell ersetzt, denn Fehler werden nicht geduldet [2].

Orange

Die orange Organisation ist eine **moderne Organisation**. Hier gewinnt Leistung und damit der Leistungsstärkste. Das Leitbild prägen Fortschritt und Wachstum. Die Performance steht im Fokus und macht den Unterschied. Es werden viele neue Technologien entwickelt und Handlungsbarrieren abgebaut. Niedrige Produktionskosten und ein Export in die ganze Welt stehen im Fokus. Dies lässt besonders Großkonzerne gewinnen. Gewürdigt wird derjenige, der die besten Zahlen bringt. Dies bedingt eine Ellenbogenkultur und eine große Individualisierung. Der Blick der Effizienz richtet sich auf die Anforderungen des Markts und wie gut die Produkte dort angenommen werden. Mitarbeiter werden deshalb durch Zielvereinbarungen gesteuert. Das Zeitalter des Managers startete in der orangen Organisation. Alle heute noch genutzten Managementmethoden stammen von hier. Wissen ist in modernen Organisationen Macht [2].

Grün

Die grüne Organisation ist die **postmoderne Organisation**. Sie setzt auf Kollaboration und Gemeinschaft. Das Leitbild ist geprägt von den

Werten wie Kultur, Gemeinschaft gewinnt, Verbundenheit, Nachhaltigkeit und Empathie. Zusammen wird mehr erreicht. Personen streben nach Zugehörigkeit, tragfähigen und wertschätzenden Beziehungen und einer großen Vernetzung. Aus der Vernetzung über Netzwerke, in denen sich die Personen nicht persönlich kennen, entsteht Wert. Dieser basiert auf Vertrauen und einem großen Gemeinschaftsgedanken. Es geht in Richtung Share Eonomy. Es wird viel Wert auf Austausch auf Augenhöhe und der Partizipation an Entscheidungsprozessen gelegt. Für die Begegnung auf Augenhöhe bedarf es viel an Transparenz, Verlässlichkeit und Zusammenarbeit. Diese Wertehaltung stellt das klassische Konzept von Macht, Hierarchie und Führung infrage. Interne Vernetzung und Austausch stehen im Mittelpunkt und geben Sicherheit und Zugehörigkeit. Kollektive und konsensorientierte Entscheidungsprozesse werden angestrebt. Individuelle Zielvereinbarungen werden eher zum Störfaktor. Es gibt zunehmend agile Rollen und eine Feedbackkultur ist an der Tagesordnung. Karriere im klassischen Sinn gibt es nicht mehr. Soziale und fachübergreifende Expertisen werden wichtiger [2].

Gelb

Die gelbe Organisation ist die **integral-evolutionäre Organisation**. Sie zeichnet sich durch eine Kultur des gemeinsamen Wachstums und der Co-Creation aus. Sie ist kontextorientiert und setzt reflexives Verhalten und die Fähigkeit zum Perspektivwechsel voraus. Hier wird auch die Metaebene eingenommen, um Entscheidungen zu treffen. Sie unterscheidet sich durch ein kontextsensitives Handeln. Der Fokus geht auf den eigenen kontextadäquaten Entwicklungsprozess, der sowohl individuell als auch organisational betrachtet wird. Es gibt geteilte Entscheidungsräume, in denen die Mitarbeiter selbstorganisiert und eigenverantwortlich arbeiten. Es gibt große Freiräume für die persönliche Entwicklung und das Unternehmertum jedes Einzelnen. Co-Creation- und Open-Innovation-Ansätze werden etabliert. Allianzen von Unternehmen werden wichtiger, um zusammen Kundenbedürfnisse abzudecken. Der Organisationskontext ist geprägt von hoher Unsicherheit und großer Komplexität. Organisationen müssen sich ständig anpassen und schnell auf Veränderungen reagieren – und dies unter dem Fokus der Kundenzufriedenheit. Jeder trägt unternehmerische Verantwortung [2].

Das Innovational-Leadership-Konzept bewegt sich im Bereich Grün bis Gelb und strebt die Transformation hin zu einer gelben Organisation an. Selbstorganisation und Eigenverantwortung sowie alle Zweige der Nachhaltigkeit werden mitgenommen und Möglichkeiten aufgezeigt, sie in ihr Unternehmen zu integrieren.

Literatur

1. Dillerup, R., Stoi, R. (2016): *Unternehmensführung. Management & Leadership. Strategien, Werkzeuge*, Praxis. 5. Auflage, Verlag Vahlen, München.
2. Foelsing, J., Schmitz, A., 2021, *New Work braucht New Learning*, (S.46–83), Wiesbaden: Springer.
3. Gabler, Wirtschaftslexikon, https://wirtschaftslexikon.gabler.de/definition/innovation-39624
4. Swoboda, M. (2022). Von der Hierarchie zur Innovation – mit Innovational Leadership. In E. Bozyazi & D. Kurt (Hrsg.), *Soziale Nachhaltigkeit und digitale Transformation* (S. 129–141), Stuttgart: Schäffer-Poeschel.
5. Swoboda, M. (Erscheint 2022). Innovational Leadership. In A. Rusnjak (Hrsg.), *Playbook für Innovatoren in unsicheren Zeiten*, Wiesbaden: Springer.
6. Weibler, J. (2016): *Personalführung*. 3. Auflage, Vahlen Verlag, München.
7. Zukunftsinstitut, (o.J. a), *Dossier Megatrend Individualisierung*, https://www.zukunftsinstitut.de/dossier/megatrend-individualisierung/, zugegriffen am 15.05.2022.
8. Zukunftsinstitut, (o.J. b), *Dossier Megatrend Konnektivität*, https://www.zukunftsinstitut.de/dossier/megatrend-konnektivitaet/, zugegriffen am 15.05.2022.
9. Zukunftsinstitut, (o.J. c), *Dossier Megatrend New Work*, https://www.zukunftsinstitut.de/dossier/megatrend-new-work/, zugegriffen am 15.05.2022.
10. Zukunftsinstitut, (o.J. d), *Dossier Megatrend Neo-Ökologie*, https://www.zukunftsinstitut.de/dossier/megatrend-neo-oekologie/, zugegriffen am 15.05.2022.

3

Die Zukunft digital gestalten – von Ängsten und Möglichkeiten

In diesem Kapitel erfahren Sie, was sich für Sie und Ihr Team durch einen digitalen Führungsstil ändert. Welche Herausforderungen gibt es? Wie können Sie damit umgehen? Welchen Prozess durchlaufen Sie als Führungskraft und was ist hierbei wichtig? Und schließlich: Wie können Sie Daten und Analysemöglichkeiten für sich und Ihr Unternehmen gewinnbringend einsetzen? Dieses Kapitel gibt Ihnen eine Einführung in digitale Möglichkeiten sowie erste Schritte an die Hand.

3.1 Digital Leadership – wie Führung virtuell gelingen kann

Virtuell zu führen, funktioniert definitiv anders als in Präsenz. Dies ist nicht gut oder schlecht, es ist einfach nur anders. Was meinen Sie: Wo liegt der Unterschied? Lassen sie uns genau damit starten – mit einer Unterscheidung. In Tab. 3.1 habe ich wichtige Unterschiede zusammengestellt.

© Der/die Autor(en), exklusiv lizenziert an Springer-Verlag GmbH, DE, ein Teil von Springer Nature 2022
M. Swoboda, *Innovational Leadership*, https://doi.org/10.1007/978-3-662-65783-6_3

Tab. 3.1 Unterscheidung Führung in Präsenz vs. Virtuell

Präsenz	Virtuell
Ihr Team ist vor Ort	Ihr Team ist verstreut und nicht vor Ort
Persönlich erreichbar	Über Telefon oder virtuell erreichbar
Soziale Interaktionen sind auf dem Gang oder in der Kaffeeküche spontan möglich	Soziale Interaktionen müssen geplant werden, wie z. B. ein virtuelles Kaffee-Date
Direkter, persönlicher Kontakt zum Team	Virtueller Kontakt zum Team
Die Körpersprache kann leicht gelesen werden	Nur der Oberkörper oder Kopf sind sichtbar, manchmal ist kein Video verfügbar, somit eingeschränkte Wahrnehmung der Körpersprache
Keine Kenntnisse von digitalen Tools für Besprechungen notwendig	Neue Fähigkeiten für die virtuellen Meetings werden benötigt
Das Team wird durch die physische Präsenz und das Arbeiten vor Ort zusammengehalten	Ein Team muss mit anderen Mitteln zusammengehalten werden
Sie sind es gewohnt, in Präsenz zu arbeiten. Dies ist ihr Wohlfühlbereich	Sie wissen noch nicht genau wie es funktioniert
Sie fühlen sich sicher	Sie fühlen sich unsicher
Der Fokus liegt auf der Arbeit, da wenig Ablenkungen um Sie herum sind	Im Homeoffice oder beim mobilen Arbeiten finden sich viele Ablenkungen um Sie herum
Arbeit und Privatbereich sind räumlich getrennt	Arbeit und Privatbereich fließen oft zusammen

Jeder dieser Unterschiede bringt Potenziale und auch Herausforderungen mit sich. Sicher ist, dass uns die digitale Arbeitsweise erhalten bleibt.

Somit lohnt es sich, sich mit den Erfolgsfaktoren und Hemmnissen auseinanderzusetzen. Denn Ergebnisse und Ziele müssen auch in digitalen Zeiten sichergestellt werden.

Besonders betroffen von der Änderung von Präsenz zu Virtuell ist der hierarchische Führungsstil. Dieser gerät im Virtuellen an seine Grenzen. Alte Führungsmechanismen, wie Kontrolle vor Ort, fallen weg. Soziale Interaktionen sind meist nur noch über digitale Medien möglich oder vereinzelt in Präsenz. Dies ist eine andere Situation, die es zu meistern gilt [6].

Als Digital Leader werden Sie mehr und mehr Altes verlernen und Neues lernen. Je komplexer die Herausforderungen werden, desto mehr neue Tools tauchen auf. Hier ist die Kompetenz gefragt, unterscheiden zu können, ob diese wirklich hilfreich sind oder nicht. Digitale Neuerung spielen im Bereich der Innovation eine große Rolle. Somit ist es notwendig, die ein oder andere digitale Kompetenz zu erlernen. Sie müssen nicht im Detail Bescheid wissen. Sie sollten den Überblick haben, um relevante Entscheidungen in kurzer Zeit treffen zu können. Ihre Entscheidungen und die Qualität von Wissen und Daten hängen direkt zusammen. Warum? Auf diesen Punkt kommen wir gleich. Diese Entscheidungen sichern die Wettbewerbsfähigkeit ihres Unternehmens oder Bereichs.

Lassen Sie uns etwas tiefer in den Bereich der Daten eintauchen. Je besser Ihre Datengrundlage ist, auf der Sie Entscheidungen treffen, desto erfolgreicher werden Sie sein. Haben Sie viele fehlerhafte Daten oder gar falsche Daten, werden Sie somit falsche Entscheidungen treffen. Auf den ersten Blick mag das nicht ersichtlich sein. Sie denken, Sie haben die richtige Entscheidung getroffen. Das mag sein. Nur die Grundlage für ihre Entscheidung war fehlerhaft. Sie sehen: Die Qualität von Daten ist essenziell. Dieses Thema fällt unter den Begriff Data and Analytics [2].

Ein weiterer wichtiger Punkt der digitalen Führung ist der Aufbau von vertrauensvollen Beziehungen zu Ihren Mitarbeitern und Kollegen. Hierunter verstehe ich auch die Pflege von Netzwerken [4].

Die Basis von virtueller Zusammenarbeit ist eine vertrauensvolle Führungskultur. Warum? Wenn sie mit ihrem Team virtuell arbeiten, wird die Notwendigkeit, klare und smarte Ziele zu vereinbaren, immer größer. Ihre Möglichkeiten der Kontrolle werden immer geringer und aufwendiger.

Für mich hat es sich bewährt, Zeit und Leistung voneinander zu entkoppeln. Der Fokus liegt auf dem erreichten Ziel oder Teilziel, nicht auf der Anzahl der Stunden, die der Mitarbeiter oder die Mitarbeiterin dafür gebraucht hat. Dieser Ansatz führt uns zum Konzept der Selbstorganisation, das ich für Sie in einem späteren Kapitel detailliert ausführen werde.

Überlegen Sie sich:

- Welche Aufgaben können Sie allein bearbeiten?
- Welche Aufgaben können nur im Team bearbeitet werden?
- Welche Aufgaben können nur von einer bestimmten Person bearbeitet werden?

Was uns im digitalen Raum fehlt, ist der physische Kontakt. Sie können niemandem über die Schulter sehen und das Arbeitsergebnis besprechen. Auch hierfür müssen wir uns in der digitalen Welt verabreden. Bewährt haben sich kurze Meetings von 30 Minuten. Dann geht jeder wieder seiner Wege und arbeitet weiter an seinem Projekt. Vertrauen und die Fähigkeit, selbstorganisiert arbeiten zu können, sind hier essenziell.

Eine weitere Fähigkeit, die ich als Digital Leader erlernen durfte, ist das Kontakthalten rein online und über Telefon. Hier haben mir aktives Zuhören, Fragen stellen und viel Empathie sehr geholfen.

Mit aktivem Zuhören meine ich, aufmerksames Zuhören. Sie hören nur zu. Sie lesen oder schreiben keine E-Mails nebenbei.

Fragen richtig stellen

Fragen stellen meint nicht, Fachliches auseinanderzunehmen, sondern nach den menschlichen Bedürfnissen zu fragen. Ich gebe Ihnen Beispiele hierfür:

- Wie laufen deine Projekte?
- Wie läuft Projekt XY? Benötigst du bei etwas Unterstützung?
- Gibt es etwas, das du unabhängig von den Projekten benötigst?
- Wie geht es dir im Homeoffice?
- Hast du alles, um optimal arbeiten zu können?
- Wie läuft es mit dem Kontakt zu deinen Kollegen?
- Welches Besprechungsformat funktioniert für dich am besten?
- Hast du Ideen, wie wir unsere Abläufe online verbessern können?
- Etc.

Zeigen Sie Interesse an Ihrem Gegenüber. Jedoch nur, wenn es wirklich so ist. Spielen Sie niemandem etwas vor. Das merkt man auch online.

Meine Mitarbeiter haben mir oft das Feedback gegeben, dass Sie sich gesehen fühlen. Und dies liegt an der Art der Kommunikation und der direkten Aufmerksamkeit. So entsteht Vertrauen.

Diese Form des Vertrauensaufbaus ist uns nicht geläufig. Wir kommen meist von der anderen Seite, vom Misstrauen her. Viele Schulungen haben vermittelt: „Sie müssen ihre Mitarbeiter kontrollieren". Und das sitzt tief. Es bedarf einiger Zeit, um sich als Führungskraft von diesem Glaubenssatz zu lösen. Denn um ein selbstorganisiertes Team zu führen, müssen sie loslassen können. Loslassen ist für mich ein Synonym für Vertrauen. Dies führt uns zu den neuen Anforderungen und Fähigkeiten, die zum Erfolg als Digital Leader führen.

3.2 Neue Anforderungen an Führungskräfte

> Wie können Führungskräfte den neuen Herausforderungen gerecht werden? Welche Erfolgsfaktoren beeinflussen das Gelingen von Führung heute? Gelingen im Sinn von Erreichen der Unternehmensziele oder gar Innovation? [6]

Starten wir mit den Erfolgsfaktoren [1]:

1. **Kommunikationsstärke:** Feedback geben und nehmen können, aktives authentisches Zuhören und ein wertschätzendes Verhalten Ihren Mitarbeitern gegenüber.
2. **Vertrauen** ist die neue Kontrolle. Vertrauen Sie Ihren Mitarbeitern Stück für Stück mehr und geben Sie ihnen einen Vertrauensvorschuss.
3. Seien Sie ein Vorbild als **Teamplayer.** Leben Sie das Miteinander vor. Fangen Sie an, Teams im Team zu bilden, die sich mit genau abgesteckten Themenbereichen auseinandersetzen und diese verantworten.
4. **Treffen Sie Entscheidungen** in einem angemessenen Tempo. Zögern Sie Entscheidungen nicht hinaus. Befragen sie ihr Team, welche Sichtweisen es gibt auf die aktuelle Herausforderung. Holen Sie sich Informationen von Ihrem Team, um die Entscheidung treffen zu können. Entscheiden Sie gegebenenfalls mit Ihrem Team zusammen.

5. **Handeln Sie disruptiv und visionär.** Orientieren Sie sich an Start-ups, bringen Sie Ihren Prototyp auf den Markt und entwickeln Sie diesen mit dem Kunden zusammen weiter.
6. **Reflektieren Sie ihr eigenes Handeln.**
7. **Fehlertoleranz:** Machen Sie Fehler, lassen Sie Fehler zu. Nur so können Sie lernen. Fördern Sie schnelles Lernen und Suchen nach Alternativlösungen im Team. Ein Fehler ist kein Grund alles hinzuwerfen und zu erstarren. Motivieren Sie Ihre Mitarbeiter neu zu denken und sich auf die noch unbekannte Lösung zu fokussieren.
8. Digital Leader sind **Netzwerker.** Online wie offline.
9. Führen Sie **transparent.** Sprechen Sie darüber, warum Sie welche Entscheidung treffen. Sprechen Sie auch über anstehende Herausforderungen. So nehmen Sie Ihr Team mit – besonders online.
10. Setzen Sie auf **flache Hierarchien** in ihrem Bereich. Titel bringen kein Projekt weiter. Sie erfreuen das Ego. Aufgaben, Ziele und eine Kommunikation auf Augenhöhe motivieren.
11. **Medienkompetenz** ist gefragt. Eigenen Sie sich Kenntnisse über die Tools an, die Sie mit Ihrem Team verwenden wollen. Probieren Sie neue Tools aus.
12. **Handeln Sie klar und fokussiert.** Geben Sie den roten Faden vor, sodass Ihr Personal Ihnen folgen kann. Dies ist online um einiges wichtiger als offline.
13. **Vermitteln Sie Sinnhaftigkeit.** Eine sinnstiftende Arbeit ist heutzutage für viele Menschen wichtig geworden. Zeigen Sie den Sinn auf.
14. **Entwickeln Sie Empathie.**
15. **Entwickeln Sie Durchhaltevermögen.** Bleiben Sie an ihren Zielen dran. Hindernisse sind da, um sie zu überwinden.
16. **Soziale Nachhaltigkeit** – auf diesen Punkt werde ich im Nachgang eingehen.

Das erscheint viel verlangt? Ja das es ist. Es setzt Ihre Motivation zu Ihrer persönlichen Weiterentwicklung voraus. Ohne diese werden Sie die genannten Fähigkeiten schwer erreichen können. Ein Digital Leader hat nicht den nahen, physischen Kontakt zu seinen Mitarbeitern. Deshalb ist es umso wichtiger, Zwischentöne wahrnehmen zu können, zu erkennen, wo es gerade im Team hakt und wo die Probleme im Projekt liegen. Dies ist bereits eine Herausforderung, wenn Sie mit ihren Mitarbeitern zusammensitzen. Denn Probleme lassen sich digital noch viel besser verschleiern. Somit benötigen Sie als Führungskraft eine größere Achtsamkeit und Bewusstheit im Umgang mit Ihren Mitmenschen [6].

Entstandener Nutzen durch die Anwendung der Erfolgsfaktoren

Was sich in meinem Bereich durch die Anwendung der Erfolgsfaktoren verbessert hat:

- Die Mitarbeiter haben ein besseres Verständnis für die aktuellen Herausforderungen des Bereichs und Unternehmens
- Lösungsorientiertes Denken fand Einzug in den Bereich
- Die vorher andauernde Jammerei verschwand
- Eine schnelle Lösungsfindung in der Gruppe bereicherte den Arbeitsalltag
- Produkte wurden verbessert
- Neue innovative Produkte wurden implementiert
- Budget und Kosten waren durch das neue unternehmerische Denken der Mitarbeiter keine Herausforderung mehr

Wissen führt zu Verständnis und Verhaltensänderung

Ich greife den letzten Punkt Budget und Kosten nochmals auf. Hierfür möchte ich Ihnen gern ein Beispiel geben.

Rein durch das Verständnis, wie der Bereich Geld verdient im Konzern, änderte sich die Handlungsweise der Mitarbeiter. In meinem Fall fand die Verrechnung über Leistungsvereinbarungen satt. Das heißt jeder Mitarbeiter musste Stunden auf das jeweilige Projekt buchen.

Anfangs lief dies nicht wirklich gut. Die Stunden wurden meist alle im Dezember gebucht. Dass dies negative Auswirkungen auf die Budgetplanung des gesamten Regionalbereichs hat, bedachte niemand. Denn dort wird monatsweise geplant, um eventuelle Engpässe aussteuern zu können. Dies verursacht eine große Diskrepanz, wenn elf Monate nicht gebucht und erst im Dezember alles auf einen Schlag verrechnet wird. Übersetzt heißt es: Wenn nicht gebucht wird, fehlt Geld. Jedes Unternehmen hat hierbei sein eigenes System. Erst als klar war, warum wir jeden Monat buchen müssen, konnten meine Mitarbeiter dieser ungeliebten Tätigkeit Sinn geben und diese ausführen.

Dies ist ein Beispiel, das on- wie offline zeigt, wie wichtig Kommunikation ist. Erst mit dem Verstehen des Sachverhalts beginnen Menschen, ihr Handeln zu überdenken oder gar zu ändern.

Lassen Sie uns eines meiner Projekte ansehen. Versuchen Sie, die oben genannten Fähigkeiten in ihrer Anwendung zu sehen.

Der Onlinekurs

Für den Bereich, in dem ich gearbeitet habe, war ein Onlinekurs etwas sehr Außergewöhnliches. Niemand hatte zuvor diesen Weg gewählt, um neue Mitarbeiter einzuarbeiten.

Nachdem sich die Idee in meinem Kopf festgesetzt hatte, ging ich Schritt für Schritt auf mein Team zu. Ich erzählte von der Onlinekursidee, legte mein Warum dar und erläuterte die Vorteile für das Team. Ein ganz entscheidender Punkt war die Entlastung von den Präsenzworkshops, die jährlich anstanden. Durch die steigende Anzahl neuer Mitarbeiter, die in den Projekten eingesetzt wurden, nahm die Dozententätigkeit meiner Mitarbeiter stetig zu. Nur war das nicht unser Hauptgeschäft.

Die Automatisierung und Digitalisierung der Schulung hörten sich für mein Team gut an. Doch dann kamen Zweifel auf. Ich wurde gefragt: „Wie wollen wir das umsetzen? Niemand hat das zuvor gemacht. Wir sind Ingenieure. Wir können sowas nicht."

Zweifel tragen jedoch auch schon Lösungen in sich. Wie können wir dem begegnen, war die Frage.

Wir engagieren jemanden, der sich mit dem Dreh, dem Schnitt und den Tätigkeiten rund um einen Onlinekurs auskennt. Gesagt, getan. Doch auch hier begegnete ich Herausforderungen:

- Wie kann ich das Projekt finanzieren?
- Wer muss alles zustimmen?
- Auf welcher Plattform kann ich den Onlinekurs einstellen?
- Welche Auflagen an Qualität, Format etc. gibt es?
- Wie finde ich eine geeignete Firma?
- Wer erstellt die Inhalte?
- Wie sehen die Inhalte aus?
- Was ist wichtig für die Teilnehmer?
- Wie wird der Kurs vermarktet?
- Können wir Geld damit einnehmen?

Fragen über Fragen. Das ist normal, wenn Sie etwas Neues angehen. Hier ist Lernbereitschaft und Entdeckergeist gefragt – sowie Durchhaltevermögen. In meinem und diesem Fall eine große Menge.

Für die Finanzierung ist es nötig, die höhere Chefetage einzubinden und zum Unterstützer zu machen. Denn wir benötigten zusätzliches Geld für die Umsetzung. Hier gilt es, geschickt zu kommunizieren, Begeisterung und hohe Erfolgschancen zu vermitteln. Um dies vermitteln zu können, müssen Sie als Führungskraft zu 100 % hinter Ihrem Projekt stehen.

Nachdem all diese Herausforderungen überwunden waren, ging es an die Umsetzung. Das Schwierigste an diesem Projekt war die Erstellung des Skripts für den Kurs, die Übersetzung von Vorschriften, kryptischen und vagen Aussagen in konkrete und fassbare Kursinhalte zu transformieren. Dies wird oft von Ämtern und Konzernen vermieden. Denn wer nicht greifbar ist, kann sich herausreden. Es geht meist um die Vermeidung von Verantwortung.

Mit den klaren Ansagen im Onlinekurs wurden ich und mein Bereich greifbar. Greifbar, sichtbar und nahbar. Was hatte dies für Auswirkungen? Durch unsere Positionierung wurde es für die Projektmitarbeiter einfacher. Es kehrte Entspannung ein. Auch diejenigen, die nicht gleich alles verstanden hatten, konnten sich die Videos immer wieder ansehen. Der Kurs bestand natürlich nicht nur aus Videos, sondern auch aus Begleitmaterialien wie Checklisten, Beispielen und schriftlichen Erläuterungen sowie Links zu entsprechenden Vorschriften und Ämtern.

Jetzt sagen Sie vielleicht: „Das kann man doch auch alles in Präsenzworkshops machen. Warum der Aufwand mit dem Onlinekurs?"

Der Onlinekurs setzt einen Standard. Dies ist besonders vorteilhaft, wenn Sie wie ich, in Ihrem Bereich keine professionellen Dozenten haben. Mit diesem Kurs können Sie sicherstellen, dass jeder die gleichen Grundlagen erhält. Da Sie alles nachsehen können, gibt es weniger strittige Punkte. Das heißt weniger Streitereien, mehr Zeit, bessere Stimmung und viel mehr Klarheit über die Vorgehensweisen im Projekt.

Meine Mitarbeiter wurden durch den Onlinekurs entlastet von vielen Fragen und Streitgesprächen. Sie konnten die Menschen an den Kurs verweisen. So war sichergestellt, dass die Gesprächsgrundlage da war. Oft waren auch alle Fragen bereits mit dem Kurs beantwortet.

Der Onlinekurs half meinem Team, sich selbst dabei zu helfen, mehr Zeit für ihre Arbeit zu haben. Die Teilnehmer hatten auch einen entscheidenden Vorteil: Sie bekamen die Möglichkeit, sich 24/7 die benötigten Informationen zu beschaffen, um in ihren Projekten weiterzukommen – unabhängig von der Zeit meiner Mitarbeiter.

Natürlich lief nicht alles glatt im Projekt „Onlinekurs". Ich strandete oft an Regularien des Konzerns, an unsinnigen Anforderungen, an verklausulierten Texten, an mangelnder Motivation meines Teams, an den Zweifeln meines Chefs und meiner Kollegen.

Was hat mich persönlich weitermachen lassen? Meine Vision von einer anderen Art, miteinander zu arbeiten, Neues mit meinem Team zu entdecken, bereits etablierte Mittel wie einen Onlinekurs in einem anderen Kontext einzusetzen, Dinge umzusetzen, die andere für unmöglich halten.

Wenden wir uns den harten Fakten zu. Ein Team, egal wie Sie es führen, muss in unserer Wirtschaft natürlich seine Ziele erreichen. Wie stellen Sie dies als Digital Leader sicher? Dieser Frage werden wir jetzt nachgehen.

Ein klarer Erfolgsfaktor ist die Sozialkompetenz. Damit meine ich Beziehungskompetenz. Beziehungen über die Distanz aufrechterhalten und im zweiten Schritt Beziehungen aufbauen zu können. Dies ist essenziell, um Ihre Unternehmensziele zu erreichen.

So bringen Sie Ihre virtuellen Meetings zum Laufen

Für mich hat sich Folgendes bewährt, um in einem guten Kontakt zu meinen Mitarbeitern zu stehen:

- Wöchentliche kurze Meetings von 30 Minuten – für mich die perfekte Länge. Diese Zeit nehmen sich die Mitarbeiter auch gern und ihre Besprechung bleibt dynamisch.
- Etablieren Sie eine Gesprächskultur, bei der jeder auf den Punkt kommen muss. Kein großes Blabla und Selbstdarstellung.
- Die Kamera am Computer ist an.
- Jeder kommt zu Wort und sollte schildern, wo er oder sie steht.
- Sollten Sie weniger als 30 Minuten brauchen, dann beenden Sie das Meeting vorzeitig. Ihre Mitarbeiter werden es Ihnen danken.

Folgende Dinge können Anzeichen dafür sein, dass etwas nicht stimmt:

- Hat ein Mitarbeiter sein Verhalten geändert?
- Wird die Kommunikation weniger?
- Ist die Kamera zunehmend aus?
- Fehlt jemand vermehrt bei Besprechungen?
- Kommen keine Wortmeldungen mehr?

Vertrauen Sie hierbei auf Ihre Intuition. Fragen Sie im Zweifelsfall nach. Fragen Sie nach, ob Ihre Wahrnehmung richtig ist. Kommunizieren Sie wertschätzend, das ist das A und O. Denn nur wer sich wertgeschätzt fühlt, ist gern in Ihrem Team und bleibt auch dort.

Beachten Sie bei der Kommunikation

- Wenn Sie sich bei einer Formulierung unsicher sind, dann reflektieren Sie diese vorher.
- Schreiben Sie ihre E-Mails mit Feingefühl.
- Vermeiden Sie zweideutige Formulierungen, die zu Missverständnissen führen könnten.
- Rufen Sie im Zweifelsfall die Person an.
- Denken Sie daran, was Sie abgeschickt haben, lässt sich nicht zurücknehmen.
- Wählen Sie eine wertschätzende und kollegiale Form.

Praktisch umgesetzt, kann dies ein „Danke" oder ein Smiley per E-Mail oder im Chat sein. Sagen Sie Ihren Mitarbeitern, dass sie gute Arbeit geleistet haben. Es sind nicht immer die großen Gesten, sondern die Kleinigkeiten, die helfen, eine gute Beziehung aufzubauen und zu erhalten. Natürlich sollten Sie dies konstant in Ihren Alltag einbauen, es zur Gewohnheit machen. Denn wenn Sie dies nur einmal im Jahr tun, ist es unglaubwürdig.

Wenn Sie es schaffen, ein gutes Verhältnis über die Distanz zu Ihren Mitarbeitern zu erhalten, bekommen Sie etwaige Herausforderungen mit. Nur so erfahren Sie rechtzeitig von Zielen, die nicht optimal laufen, und können gegensteuern.

Lassen Sie uns einen weiteren Blick auf Online-Meetings werfen. Um strukturiert im Austausch zu stehen, ist Folgendes wichtig:

- Legen Sie Kommunikationszeiten fest.
- Stellen Sie die Verbindlichkeit dieser Termine sicher.
- Führen Sie Ihre Besprechungen effizient durch.
- Achten Sie auf eine gute Vor- und Nachbereitung.
- Die Besprechungen sollten ein Dialog und weniger ein Monolog sein.
- Stellen Sie Fragen. Ermuntern Sie Ihre Mitarbeiter, selbst Fragen zu stellen.
- Fassen Sie die Ergebnisse in einem Protokoll zusammen.
- Nennen Sie Ihrem Team die nächsten Schritte.
- Laden Sie alle relevanten Mitarbeiter ein. Sonst niemanden.

3.3 Hybride Führung – Interview mit Sabrina Gall

Sollten Sie nicht wie ich komplett virtuell führen wollen, bietet sich ein hybrides Modell an.

Hybrid bedeutet Mischling. Im Businesskontext ist eine hybride Arbeitswelt eine Kombination zwischen verschiedenen Arbeitsorten. Die Mitarbeiter können im Büro oder auch außerhalb des Büros arbeiten, z. B. im Homeoffice.

Im folgenden Interview mit Sabrina Gall, einer Expertin für New Work insbesondere für hybride Führungsmodelle, werden Vorteile, Unterschiede und Herausforderungen erläutert.

Interview hybride Führung mit Sabrina Gall

Wo liegt aus deiner Perspektive der Vorteil der hybriden Führung gegenüber einer rein virtuellen Führung?
Wer hybrid führen kann, kann auch virtuell führen. Umgekehrt gilt dies nicht unbedingt, denn virtuelles Führen ist lediglich ein Teil des hybriden Führens. Das bedeutet, dass in der hybriden Führung das Kompetenzspektrum viel größer ist, da hier die analoge und die digitale Mitarbeiterführung gefordert sind. Von daher sehe ich den Vorteil darin, dass eine erfolgreich hybrid agierende Führungskraft über ein größeres Kompetenzportfolio verfügt und somit die vielen komplexen Anforderungen der neuen Arbeitswelt souverän bewältigen kann.

Welchen Nutzen bringt die hybride Führung den Mitarbeitern, Führungskräften und Unternehmen?
Alle drei Parteien profitieren von hybrider Führung. Für die Mitarbeitenden sehe ich die Chance, dass die individuellen Bedürfnisse zur Wahl ihres Arbeitsorts viel stärker Berücksichtigung finden. Jüngsten Umfragen zufolge ist für ein Drittel der Arbeitnehmer*innen, die Anwesenheit im Büro nicht notwendig, während zwei Drittel das Büro zumindest an zwei bis drei Arbeitstagen als Wunscharbeitsort bevorzugen. Die hybride Führung baut hier die Brücke zwischen den Bedürfniswelten.

Aber auch Führungskräften bringt ein erfolgreicher hybrider Führungsstil einen Nutzen. Sie gewinnen auf diese Weise motiviertere und produktivere Mitarbeitende für ihr Team. Die Führungskraft selbst wiederum kann ihre eigenen Führungskompetenzen weiterentwickeln und so ihr Führungsspektrum im Sinn eines Growth Mindsets erweitern.

Und schließlich können auch die Unternehmen von hybrider Führung profitieren, denn die hybride Führung unterstützt den Transformationsprozess der Arbeitswelt und durch ein hybrides Arbeitsplatzangebot steigt die Arbeitgeberattraktivität. So wird das Employer Branding gestärkt.

Welche Kompetenzen/welche Führungsaufgaben sind in der hybriden Führung besonders wichtig?
Die Verantwortung der Führungskraft, das Team in das New Normal der hybriden Arbeitswelt zu führen, erfordert ein erweitertes Führungsrepertoire, weil alte Führungsinstrumente in der neuen Arbeitswelt nicht mehr greifen.

Deshalb kommt aus meiner Sicht bestimmten Kompetenzen und Führungsaufgaben ein stärkeres Gewicht zu. Gemeinsam mit meinem Kollegen Dr. Jörg Wittenberg habe ich vier Kompetenzfelder identifiziert, die Führungskräfte nutzen sollten, um als Brückenbauer zwischen der analogen und der digitalen Zusammenarbeit zu fungieren. In unserem Modell NEW C.A.R.E. für hybride Führung sind das die Kompetenzbereiche Communication, Awareness, Relationship und Empowerment.

Kommunikation ist hierbei der Schlüssel für ein gemeinsames Verständnis über die Ziele und Wege der Zusammenarbeit im Team. Awareness steht für das eigene Bewusstsein über die Führungsrolle in dieser Transformation hin zu einer hybriden Arbeitsweise. Um jeden Mitarbeitenden in das Team bzw. das Unternehmen gut zu integrieren, ist die Fähigkeit zum Beziehungsaufbau und -erhalt (in unserem Modell als Relationship bezeichnet) wichtig. Und um die Mitarbeitenden zu ermächtigen, produktiv und selbstverantwortlicher hybrid zusammenzuarbeiten, braucht es die Kompetenz der Führungskraft zum Empowerment.

Diesen vier Brückenkompetenzen haben wir jeweils vier Führungsaufgaben zugeordnet, die hybride Führungskräfte wahrnehmen sollten,
um als Entwicklungsbegleiter des Teams wirksam zu werden. Hierzu
gehören beispielsweise Aufgaben wie Sinn vermitteln, Transparenz
schaffen, Konflikte managen, Mitarbeiter entwickeln oder Vorbild sein.
Eine ausführliche Beschreibung findet sich in unserem Buch *Erfolgreich führen in hybriden Arbeitswelten, analog und digital – Roadmap für
Führungskräfte*, das im Haufe Verlag erschienen ist.

Weshalb ist die Selbstführung so wichtig?
Führung beginnt immer zuerst bei mir selbst. Die veränderten
Anforderungen einer hybriden Führungsrolle erfordern insbesondere
eine Auseinandersetzung mit dem eigenen Führungsverständnis, der
inneren Haltung und den persönlichen Werten. Die Klarheit darüber
hilft in herausfordernden Situationen souveräner, entscheidungs- und
handlungsfähig zu bleiben. Gerade Führungskräfte, die nicht innerlich
von den Vorteilen der hybriden Zusammenarbeit überzeugt sind, verlieren ihre Authentizität und Handlungsfähigkeit im Außen. Auch die
Überprüfung des eigenen Mindsets ist von Vorteil. Denn in der sich
verändernden Arbeitswelt ist eine agilere, dynamischere Denk- und
Handlungsweise erforderlich.

*Wie halten Führungskräfte ihr Team unter hybriden Bedingungen
zusammen?*
Grundsätzlich gelingt dies, wenn sie ihre Führungsaufgaben im
Sinn unseres Modells NEW C.A.R.E. wahrnehmen. Hervorheben
möchte ich hier die Führungsaufgabe „Sinn vermitteln". Die sinn-
orientierte Führung ermöglicht es, dem Team Orientierung und Zugehörigkeit über die Distanz hinweg zu geben. Eine weitere wichtige
Komponente ist die Ermöglichung des informellen Austauschs im
Team, auch wenn nicht alle Teammitglieder räumlich zusammen-
kommen. Hier ist die Führungskraft gefragt, kreative Formen des Austauschs zu implementieren. In vielen Teams gibt es z. B. virtuelle Coffee
Breaks oder Lunchpartys. Die Förderung der Beziehungsebene und die
Stärkung des gegenseitigen Vertrauens sind der soziale Klebstoff, den ein
hybrides Team zusammenhält.

Wie kann ich besonders wirkungsvoll mein Team auf hybrides Arbeiten einstellen?
Wichtig ist aus meiner Erfahrung, dass die Führungskräfte auf verschiedenen Ebenen der Veränderung ansetzen. Ich arbeite da gern in der Begleitung der Teams mit dem Modell der logischen Ebenen nach Robert Dilts. Hier gilt es, Antworten auf die folgenden Fragen zu finden:

- **Umgebung:** Wie muss die Umgebung aussehen, in der wir gut und effektiv als Team zusammenarbeiten können? Dazu gehört beispielsweise die Festlegung durch das Team, welchen Zweck analoge und digitale Räume erfüllen müssen, in denen gearbeitet wird.
- **Verhalten:** Wie wollen wir uns im Umgang miteinander als hybrides Team verhalten? Welches Verhalten ist hilfreich und fördert die hybride Zusammenarbeit?
- **Fähigkeiten:** Welche Fähigkeiten benötigen wir, um eine gute hybride Arbeitsweise zu entwickeln und zu praktizieren?
- **Haltung:** Welche Haltung wollen wir leben, damit die hybride Zusammenarbeit gelingt?
- **Identität:** Welches Selbstverständnis als hybrides Team leitet uns? Welche Rollen und Strukturen geben wir uns? Wie ist die Teamkultur und welchen Beitrag leisten wir?

Führungskräfte sollten gemeinsam mit dem Team an der Klärung dieser Fragen arbeiten. Dafür braucht es Zeit und den Mut zum Experimentieren, bis eine gute und passende Form der Zusammenarbeit gefunden werden kann.

3.4   Sich neu als Führungskraft definieren

Sich neu als Führungskraft zu definieren, greift bereits etwas vor auf das Kapitel der Selbstorganisation. Sie werden merken, dass alle Kapitel zusammenhängen und ineinander verzahnt sind. Innovational Leadership ist mehr als eine Methode. Es ist ein Mindset, das Veränderung in den Alltag integriert. Dies ist notwendig, wenn sie digital führen, ein selbstorganisiertes Team leiten, Innovation voranbringen wollen oder alles gleichzeitig. Jede Veränderung im Team, im Vorgehen wirkt sich auf Sie aus und andersherum.

Als ich anfing, mein Team selbstorganisiert und digital aufzustellen, veränderte sich auch meine Rolle im Team. Sobald Sie anfangen, Verantwortung ins Team zu geben, geben Sie Verantwortung ab. Sie mögen mit der Urlaubsplanung beginnen und bei der Leitung von Fachteams enden. Dies ist persönlich und teamabhängig. Doch bleibt eines gleich: Egal, was Sie abgeben, führt dazu, dass sich Ihre Rolle als Führungskraft ändert.

Was meine ich damit? Je mehr Aufgaben Sie ins Team geben, desto weniger haben Sie. Das heißt Sie müssen sich ein neues Aufgabenfeld suchen, um dem Team einen Mehrwert zu geben. Das ist genau der Punkt, vor dem sich viele Führungskräfte scheuen. Sie haben Angst davor, überflüssig zu werden. Dies ist einerseits richtig, denn für die vorher dagewesenen Aufgaben haben Sie nun Mitarbeiter gefunden, die diese Rolle oder Aufgabe übernehmen. Somit sind Sie faktisch für diese Aufgaben überflüssig.

Ist das aber nicht genau der Punkt, den wir erreichen wollen? Ja. Indem wir die Tagesaufgaben abgeben, können wir uns als Führungskraft anderen Dingen widmen. Damit meine ich nicht Kaffee trinken oder sich auf die faule Haut legen. Das können Sie gern mal machen, jedoch ist dies nicht das Ziel von Innovational Leadership. Sich anderen Dingen widmen meint, sich kreativ zu betätigen, sich Gedanken zum nächsten Schritt zu machen, außerhalb der Organisation nach Neuerungen zu suchen, sich von anderen Abteilungen inspirieren zu lassen, Best-Practice-Beispiele aufzuspüren, die Ihnen und Ihrem Team weiterhelfen, zu netzwerken, um neue Partner zu gewinnen, Synergien zu schaffen. Nehmen Sie an Schulungen teil, bilden Sie sich weiter und ermöglichen Sie dies auch Ihren Mitarbeitern, kümmern Sie sich um mehr Budget, suchen Sie „Töpfe" in ihrem Unternehmen, die auf Anhieb nicht so leicht zu finden sind, bewerben Sie sich mit Ihren Projekten auf Gelder und Förderungen, betreiben Sie Marketing für Ihren Bereich, sprechen Sie neue Mitarbeiter an, kümmern Sie sich um den Nachwuchs im Sinn von Werkstudenten und Praktikanten.

Es gibt so viele Möglichkeiten, genau Ihren Fähigkeiten und Stärken als Führungskraft entsprechend sich neu zu erfinden.

Jetzt sagen Sie vielleicht: „Wie soll das in einem Konzern funktionieren? Hier ist meine Funktion festgelegt. Da bekomme ich nur Ärger!" Ja richtig. Sie haben eine Funktionsbeschreibung. Die können Sie auch so stehenlassen. Die Veränderung beginnt bei Ihnen selbst und in Ihrem Team genau in dem Maß, wie Sie es verantworten können. Anfangs werden Sie wenig abgeben und verändern. Dies wird wachsen und sich mit eigenem Tempo entwickeln.

Denken Sie immer daran: Eine Transformation benötigt Zeit. Sie werden nicht von heute auf morgen agil oder selbstorganisiert arbeiten. Vielleicht steht das auf dem Papier. Doch in Wirklichkeit ist es anders. Können Sie von heute auf morgen das Kaffeetrinken, Rauchen, Zucker-essen aufgeben? Die meisten wohl nicht. Genauso ist es mit unseren Arbeitsgewohnheiten. Diese können wir auch nicht so leicht aufgeben. Besonders nicht, wenn wir schon Jahrzehnte so gearbeitet haben. Egal was in Ihrer Funktionsbeschreibung steht, ob Sie als hierarchische oder agile Führungskraft angelegt sind: Eine Transformation benötigt Zeit.

Auf den Punkt, wie ich in einem Konzernumfeld ein selbst-organisiertes Team etabliere, kommen wir in einem späteren Kapitel.

Um sich neu zu definieren, ist ein guter Startpunkt zu überlegen, welche Aufgaben Sie haben und welche Sie davon abgeben wollen und können. Im zweiten Schritt geht es darum, die Aufgaben wirklich abzu-geben und im Team zu etablieren. Wenn Sie dann Freiraum gewonnen haben, wenden Sie sich Ihren möglichen neuen Aufgaben zu.

Erste Schritte, um Führungsaufgaben abzugeben

- Erstellen Sie eine Matrix mit Ihren Aufgaben.
- Verwandeln Sie diese in eine Delegationsmatrix.
- Reflektieren Sie, welche Konsequenzen die Abgabe der einzelnen Auf-gaben haben, im Positiven wie im Negativen.
- Überlegen Sie sich, welcher Mitarbeiter welche Stärken und Schwächen hat.
- Starten Sie mit der Übergabe von kleinen Aufgabenbereichen, die das „Schiff nicht zum sinken bringen".
- Sein Sie mutig und üben Sie sich in Vertrauen, geben Sie ihren Mit-arbeitern einen Vertrauensvorschuss. Vertrauen ist nicht ihr Ding? Darauf kommen wir in einem späteren Kapitel.

- Unterstützen Sie Ihre Mitarbeiter in der Einarbeitung. Geben Sie nicht gleich auf, wenn es nicht auf Anhieb reibungslos läuft. Gehen Sie mit dem Mindset heran, Ihre Mitarbeiter weiterentwickeln zu wollen. Erinnern Sie sich daran, als Sie die Aufgabe zum ersten Mal übernommen haben.
- Geben Sie auf der anderen Seite die Möglichkeit, die Aufgabe an Sie zurückzugeben oder Sie im Team an jemand anderes zu übergeben.
- Bestrafen Sie niemanden bei Fehlern. Etablieren Sie eine Teamkultur, die Fehler als Möglichkeit zum Lernen sieht.

Nachdem Sie Aufgaben aus Ihrem Portfolio abgegeben haben, steht Schritt zwei an: Sie widmen sich ihrer Neudefinition als Führungskraft.

Meine Neudefinition als Führungskraft

Im Folgenden finden Sie meinen Weg der Neudefinition als Führungskraft. Sehen Sie ihn als Inspiration. Sie müssen gar nichts davon tun oder glauben. Probieren Sie es aus und bilden Sie sich Ihre eigene Meinung. Oder tun Sie es auf Ihre Weise.

Erste mögliche Schritte der persönlichen Neufindung als Führungskraft:

- Beobachten und Reflektieren Sie Ihre Position nach Abgabe der Aufgaben im Team. Was hat sich verändert? Betrachten Sie das, was sich verändert hat, neutral. Werten Sie nicht im ersten Schritt.
- Stehen die Veränderungen im Einklang mit Ihren Zielen? Wenn ja, super. Wenn nein, dann geht es ans Nachsteuern.
- Sehen Sie sich an, wie viel Zeit Sie gewonnen haben. Wie nutzen Sie diese freigewordene Zeit?
- Gibt es Projekte, die aufgrund Zeitmangels liegen geblieben sind? Dann kümmern Sie sich darum.
- Müssten Sie Personal aufstocken? Dann legen Sie hier Ihre Zeit gut an.
- Sollten Prozesse neu betrachtet und überarbeitet werden?
- Möchten Sie gern an einer lang aufgeschobenen Schulung teilnehmen?

Dies sind alles Dinge, die Sie im ersten Schritt aufgreifen können. Die Reihenfolge bleibt Ihnen überlassen. Sind Sie hiermit durch oder sagen: das läuft, dann gehen Sie zum nächsten Schritt über. Dieser Schritt führt Sie mehr und mehr hin zu kreativer und visionärer Arbeit.

Überlegen Sie sich:

- Wie können Sie ihren Bereich innovativer aufstellen?
- Wie würde dieser aussehen, wenn Sie keine Einschränkungen hätten?

- Welche Produkte, die nicht direkt in Ihrem Aufgabenbereich liegen, würden Ihren Kunden weiterhelfen?
- Wo und wie könnten Sie frühzeitiger in den Prozess eingreifen, um einen Mehrwert für den Bereich und/oder das Unternehmen zu erzeugen?
- Stellen Sie Ihre Ideen im Team vor. Holen Sie sich Feedback.
- Suchen Sie sich Ihr erstes neues Projekt aus.
- Beginnen Sie damit. Machen Sie den ersten Schritt.
- Wer aus Ihrem Team kann unterstützen?

Mit dem Start von Projekten, die über das Tagesgeschäft hinausgehen, bewegen Sie sich in Richtung gelebter Kreativität und Innovation. Sie vermitteln ihren Mitarbeitern, dass Ideen willkommen sind. Sie leben Engagement vor. Bleiben Sie transparent, auch wenn es mal nicht so läuft. Somit etablieren Sie eine positive Fehlerkultur. Nehmen Sie Ideen von Mitarbeitern auf. Fordern Sie zur Teilhabe auf. Und schon sind Sie mitten in Ihrer Transformation. Sie bringen Innovation ins Unternehmen, leben Leadership vor und entwickeln Ihre Mitarbeiter.

Sollten Sie sagen: nein, das ist nichts für mich, dann wählen Sie einen anderen Weg, sich neu zu

definieren. Hier gibt es kein Richtig oder Falsch.

Nun haben wir die harten Fakten betrachtet. Wie es Ihnen emotional mit der Veränderung geht, blieb bis jetzt außen vor. Meinen Erlebnissen nach wird von Führungskräften erwartet, dass Veränderungen mit Leichtigkeit genommen werden. Es wird vergessen, dass wir alle nur Menschen sind, Menschen mit Prägungen, Ängsten und unterschiedlichen Anlagen.

Sehen wir uns exemplarische Situationen und mögliche Herausforderungen an, die von Führungskräften zu meistern sind.

Aus Tab. 3.2 wird ersichtlich, dass Angst eine große Rolle spielt – bei Führungskräften und Mitarbeitern. Wie Angst in einem anderen Kontext gesehen und genutzt werden kann, erfahren Sie in einem späteren Kapitel.

Sich neu als Führungskraft zu definieren, ist vielschichtig. Es gibt nicht nur eine Sache, die Sie tun müssen. Es gibt kein Patentrezept dafür. Was ich Ihnen mitgeben kann, sind meine Geschichte und meine Gedanken und Erlebnisse. Entschuldigen Sie, wenn ich etwas abschweife. Dieses Thema berührt mich zutiefst. Zudem schicke ich eine kleine Triggerwarnung voraus.

Tab. 3.2 Emotional herausfordernde Situationen

Situation	Herausforderung	Möglichkeiten
Die Veränderung steht bevor	Veränderung wird selbst gefürchtet – Sie können dem Team keine Stütze oder gar Führungskraft sein	Den Veränderungsprozess zuerst selbst durchlaufen. Angst überwinden und in einem neuen konstruktiven Kontext sehen und nutzen
Sie glauben, Sie haben sich übernommen und erstarren vor Angst; Sie tun gar nichts mehr	Angst überwinden und die Herausforderung angehen	Angst in einen neuen konstruktiven Kontext stellen und nutzen
Aufgaben abgeben heißt Aufgaben loslassen	Das Befürchten von negativen Konsequenzen. Angst vor Kontrollverlust. Aufgaben abgeben heißt auch, scheinbare Macht abzugeben. Dies tun wenige Menschen gern	Angst überwinden und in einem neuen konstruktiven Kontext sehen und nutzen. Neue Führungswerkzeuge entdecken
Sie erleiden einen Rückschlag. Es funktioniert nicht im Entferntesten so, wie Sie erwartet hatten	Weitermachen und nicht aufgeben. Eine neue Lösung finden. Sie würden gern einen Schuldigen suchen und finden	Das Team befragen. Herausforderung transparent kommunizieren. Positive Fehlerkultur vorleben. Keine Schuldigen suchen!
Die Mitarbeiter ziehen nicht mit. Sie haben einen großen Gegner im Team, der den Rest gegen Sie aufbringen möchte	Sie würden Ihren Gegner gern „besiegen". Eine konstruktive Lösung ist nicht in Sicht	Neue Sicht der Situation über Opfer-Retter-Täter-Dynamik. Daraus abgeleitetes Vorgehen. Fokus auf die Mitarbeiter, die von Ihrer Idee begeistert oder offen dafür sind. Gehen Sie mit diesen voran. Ein Negativpol ist meist im Team. Das ist ganz normal

[Erstellt von Martina Swoboda, 04/2022]

Mein persönlicher Weg der Neudefinition als Führungskraft

In meinem Fall kamen einige Dinge zusammen. Ich übernahm einen Bereich, in dem ich vorher selbst als Expertin, Kollegin gearbeitet habe. Ich war die einzige Frau und diejenige, die am kürzesten im Team war.

Sie sehen, ich hatte keine optimalen Bedingungen, um von Anfang an voll akzeptiert zu werden. Was mich durch alle Krisen gebracht hat, war meine Passion, eine neue Art der Zusammenarbeit zu gestalten.

Steigen wir ein. Natürlich war ich nicht die Einzige, die sich aus dem Team auf den Posten beworben hat. Zwei weitere Kollegen hatten sich auch beworben. Mit einem konnte ich mich gut und kollegial austauschen. Wir standen in einem fairen Wettkampf. Beim zweiten Kollegen sah es etwas anders aus. Ihm ging es vorwiegend ums Gewinnen. Er dachte, die Position würde ihm zustehen.

Sie wissen ja schon, dass ich am Ende die Stelle bekommen habe. Doch der Kollege sah es nicht kommen. Leider bekam er seine Absage nicht rechtzeitig und meine Verkündung, dass ich die neue Leiterin bin, kam vorher. Das Ego meines Mitbewerbers war stark angekratzt. Er erklärte mir insgeheim den Krieg. Er blockierte und mobbte mich so gut er konnte. Letztendlich verließ er das Team. Das Beste, was passieren konnte – im Nachhinein. Standhaft zu bleiben, neues Personal zu rekrutieren und kein Drama zu machen, hat mir die ersten Punkte beim Team eingebracht.

Sie sehen: Der Aufbau von Respekt und Vertrauen erfolgte über die Zeit. Auch ich musste erst lernen, in die neue Rolle zu schlüpfen, nicht mehr die Kollegin sein zu wollen. Dies zeigte sich schon beim Eintritt in die Kaffeeküche. Es wurde still. Als ich noch Kollegin war, wurde munter weitergeredet.

Mit diesem Wandel an Interaktion musste ich klarkommen. Ich fühlte mich ausgeschlossen in der neuen Rolle als Führungskraft. Das hieß, ich musste mir neue Menschen, andere Führungskräfte zum Austausch suchen. Sie meinen: „Das ist doch klar!". Nein, das war es mir damals nicht.

Als neue Führungskraft, wenn Sie etwas verändern wollen, müssen Sie die Negativerlebnisse mit früheren Führungskräften durch positive neutralisieren. Dies dauerte eine Weile. Ein gutes Beispiel hierfür ist, platt gesagt, zum Gesagten zu stehen, niemanden für Fehler zu bestrafen, sondern konstruktive Lösungen zu suchen. Niemand wird fertiggemacht oder respektlos behandelt.

Ich fragte meine Mitarbeiter: „Was brauchst du, um noch besser arbeiten zu können?" Manche von ihnen wussten es nicht. Sie antworteten: „Ich kann es dir gerade nicht sagen. Denn das hat mich noch nie jemand gefragt."

Für mich gleichzeitig traurig und auch schön. Traurig, weil es zeigt, wie Menschen in einem Konzern behandelt werden. Schön, da mir gegenüber Vertrauen da war, um es zu sagen. Niemand überspielte etwas. Wir waren auf dem Weg dorthin, dass jeder wieder echt er oder sie selbst sein konnte. Ein Mensch mit Stärken und Schwächen. Keine Nummer oder nur ein Angestellter.

Während ich diese Zeilen schreibe, bin ich immer noch tief berührt von den Erlebnissen und Gesprächen mit meinem ehemaligen Team. Was in Erinnerung bleibt, sind die zutiefst menschlichen Begegnungen. Die Begegnungen, in denen die Masken gefallen sind und ich und mein Gegenüber uns gezeigt haben. So wie wir im Moment da waren. So wie die Situation gerade ist. Und es war ok. Das sind für mich privat wie beruflich die wertvollsten Momente.

Führung heißt für mich, die Menschen zu sehen. Zu sehen, wie es jemandem geht. Was die Person braucht. Je größer das Team, desto schwerer und teils nicht mehr machbar ist es. Das ist mir klar. Auch ich habe es nicht immer geschafft. Dennoch habe ich mein Bestes gegeben. So kann ich akzeptieren, was kommt. Doch habe ich die Ausrichtung und das Ziel, die Menschen um mich herum zu sehen. Zu sehen in ihrer Ganzheit. Mit Ganzheit meine ich mit ihren Bedürfnissen, Emotionen, Stärken, Schwächen und auch Problemen. Auch wenn ich nur mit kleinen Dingen helfen kann, könnte es etwas Entscheidendes im Leben meines Gegenübers sein. Sich gesehen, respektiert und gewertschätzt zu fühlen, sind elementare Dinge. Daraus entstehen Vertrauen, Respekt und Akzeptanz. In meinem Fall Akzeptanz als Führungskraft. Gelebte Empathie ist für mich eine entscheidende und zukünftige Kernkompetenz einer Führungskraft. Wie wollen Sie sonst Ihre Mitarbeiter halten oder gar zu Höchstleistungen anspornen? Wohin bekannte Führungswerkzeuge führen, ist offensichtlich. Immer mehr Burn- oder Bore-out-Fälle, Menschen werden krank und fallen aus, gehen über zur Pflichterfüllung. Keine Spur von Passion. Wir brauchen uns nicht zu fragen, woher es kommt. Es ist ganz normal, dass ein krankes System kranke Menschen hervorbringt. Betrachten Sie den „Ansporn" Tag für Tag klein gemacht zu werden, nur zu hören, dass etwas nicht mit einem stimmt, man dies und das nicht gut genug macht. Das zerstört Menschen. Mir als ethischen Menschen stellen sich hier die Haare auf. Auch ich habe es erlebt. Dazu mehr im Kapitel der Selbstorganisation.

Die Neudefinition als Führungskraft erfolgt nicht von heute auf morgen. Sie ist nie fertig. Sie schreitet Tag für Tag voran.

Ich hoffe, es ist aus meiner Erzählung klar geworden, dass unsere Erlebnisse uns prägen und wir so ein Wegweiser für unsere Neuausrichtung erhalten. Wenn in meiner Praxis etwas funktioniert hat und ich sah, wie sich jemand gesehen fühlte. Wie jemand meine Hilfe annahm oder gar nicht mehr brauchte, da er oder sie so innerlich gewachsen waren, das sind die Momente, die sie weitermachen lassen. Auch wenn es noch so unbequem, so schwer oder unbedeutend erscheinen mag. Es macht einen Unterschied. Vielleicht nur für eine Person. Und das ist es wert. Ich mache weiterhin einen Unterschied. Was meinen sie?

Die eigene Neudefinition ist wichtig. Seien Sie nicht zu hart zu sich. Doch gibt es auch hilfreiche Tools, die Sie unterstützen können, die Ihnen mehr Klarheit über den Stand ihres Bereichs, zur Entscheidungsfällung und den Arbeitsstand geben. Lassen Sie uns in den Abschnitt Data und Analytics eintauchen.

3.5   Data und Analytics nutzen

Im Innovational-Leadership-Konzept spielt die Nutzung der digitalen Transformation eine große Rolle. Die digitale Transformation bietet uns viele Möglichkeiten, effektiver zu arbeiten, Daten zu analysieren und diese für unseren Geschäftserfolg einzusetzen. Dies ist kein Hexenwerk. Ich möchte mit Ihnen in diesem Abschnitt wichtige Erfahrungen teilen, die mich weitergebracht haben.

Warum sollten auch Sie Data und Analytics in ihrem Bereich oder Unternehmen ausbauen oder gar einführen? Wie soll Ihr Unternehmen durch Data und Analytics vorangebracht werden? Daten werden in jedem Unternehmen täglich gewonnen. Genau diese Daten, richtig genutzt, bringen Ihnen mehr und mehr Effizienz. Auf der Grundlage Ihrer ausgewerteten Daten sind Sie in der Position, neue Produkte für Ihre Kunden zu entwickeln und erfolgreich auf den Markt zu bringen. Denn Sie gehen aufgrund Ihrer erhobenen und ausgewerteten Daten auf die Kundenwünsche ein. Produkte, die den Kundenwünschen entsprechen, kommen deutlich besser am Markt an. Durch Auswertung der Daten und durch die Ideen Ihres Teams bleiben Sie innovationsfähig [3].

Wie kann dies praktisch aussehen?

Aus meiner Erfahrung haben sich sieben Dinge gezeigt:

1. Daten an sich haben im ersten Schritt keinen Wert.
2. Daten entstehen durch Prozesse oder kommen meist von Servern.
3. Einen Wert erhalten sie erst später.
4. Die Intervention aufgrund der Daten gibt ihnen ihren Wert.
5. Oft ist es ein langer Weg von den Rohdaten bis hin zum Wert.
6. Der Weg besteht aus verschiedenen Analysen.
7. Daraus entstehen verschiedene Anwendungsmöglichkeiten.

Das klingt alles noch abstrakt? Dann stellen Sie sich vor, Sie produzieren Raumschiffe und Sie würden vorhersagen können, wann eines der Bauteile im Raumschiff kaputt geht. Und dies aufgrund von Daten. Wäre das nicht ein enormer Wettbewerbsvorteil? Und auch ein großer Service für Ihre Kunden? Dieses Beispiel lässt sich leicht auf andere Produkte übertragen. Egal ob Automobil-, Baubranche oder die Raumfahrt und viele mehr. Das Beispiel ist nur eine von vielen Anwendungsmöglichkeiten, die Ihnen durch Ihre selbst gewonnenen oder eingekauften Daten zu Verfügung stehen. Ein anderes Beispiel: Lassen Sie Ihren Kunden passgenaue Werbung zukommen. Kennen Sie das: Werbung für Dinge zu erhalten, an denen Sie kein Interesse haben? Das führt oft dazu, dass Newsletter abbestellt werden und die Firma aus dem Fokus des Kunden gerät. Dafür ist Data und Analytics eine wunderbare Möglichkeit, die es vor einigen Jahren noch nicht gab. Und so kundenfreundlich [3].

Wie könnten Ihre nächsten Schritte aussehen? Es gibt vier Dinge die Sie tun könnten, die kostenlos sind. Sie kosten nur ihre Zeit. Google verfügt über ein sehr gutes Analysesystem; sehen Sie sich dieses im ersten Schritt an. Google bietet kostenlose Schulungen zu seinen Tools an. Nein, ich will keine Werbung machen. Das Ziel ist, falls Sie gar keine Erfahrung haben mit dergleichen Tools, dass Sie erste Eindrücke bekommen, wie diese funktionieren und welche Möglichkeiten es gibt. Achten Sie mehr und mehr darauf, welche Werbung Ihnen zugespielt wird. Zudem überlegen Sie, welche Daten ihrer Kunden oder ihrer Produkte ihnen weiterhelfen würden.

Jedoch sind Daten nicht gleich Daten. Sie unterscheiden sich in ihrer Qualität. Woher wissen Sie, ob Sie qualitativ hochwertige Daten haben oder nicht? Genau hier wird es interessant. Was meinen Sie, welche Auswirkung hat es, wenn Ihre Daten nicht der höchsten Qualität entsprechen? Klar muss sein, Ihre Analysen leben von Ihren Daten. Ihre Analysen können nur so gut sein, wie Ihre Daten. Diese sind die Basis. Erwarten Sie keine Premiumanalyse, wenn Sie schlechtes Datenmaterial hineingeben. Um hochwertige Daten zu erhalten, müssen diese einige Kriterien erfüllen:

* Sie müssen genau sein
* Korrekt
* Vollständig
* Eindeutig
* Konsistent
* Aktuell

Sobald Ihre Daten diese Kriterien erfüllen, können wir von hochwertigen Daten sprechen. Somit setzen Sie ihre Formulare, Prozesse oder woraus Sie ihre Daten gewinnen wollen so auf, dass diese Kriterien erfüllt sind. Vergessen Sie jedoch ihre Mitarbeiter nicht. Auch diese müssen mitmachen. Sollten sie die Systeme inkorrekt oder gar nicht befüllen, haben Sie nicht gewonnen. Möglichkeiten, wie Sie ihre Mitarbeiter mitnehmen, bekommen Sie im gesamten Buch.

Falls Ihre Unternehmensdaten nur über eine geringe Qualität verfügen und Sie Data und Analytics nutzen, könnten Sie leicht falsche Entscheidungen treffen. Dies kann das Kundenerlebnis maßgeblich beeinträchtigen und kann zu Kundenverlust führen. Im schlimmsten Fall verlieren Sie Ihre Kunden an die Unternehmen, die Data und Analytics gekonnt einsetzen [3].

> Welche Vorteile haben Sie konkret durch die Nutzung von Data und Analytics? Sie gewinnen eine sichere Grundlage für Ihre Unternehmensentscheidungen. Gegenüber Mitbewerbern, die nicht oder schlecht auf Data und Analytics zugreifen, können Sie schneller reagieren und bleiben auch in Krisenzeiten flexibel.

> Wie könnte Ihr erster Schritt in Richtung Data und Analytics aussehen? Übernehmen Sie als Führungskraft die Verantwortung für die Qualität Ihrer Daten. Überlegen Sie, welche Daten in Ihrem Fall fehleranfällig sind und lösen Sie dieses Problem. Profitieren Sie von Ihrer neuen und eigens geschaffenen Informationsquelle und bleiben Sie innovationsfähig.

Wenn Sie gleich noch einen Schritt weiter gehen möchten, dann vermitteln Sie Ihre Daten auf eine clevere Weise. Damit meine ich:

Visualisieren Sie Ihre Daten. Ich meine nicht, dass Sie als Führungskraft sie visualisieren sollen. Dafür haben Sie sicherlich besser ausgebildetes Personal. Datenvisualisierung klingt erstmal trocken.

Gedankenexperiment – Präsentation von Daten

Sie wollen einen Entscheidungsträger überzeugen und bereiten eine Präsentation auf Grundlage Ihrer Daten vor. Mit welcher Option werden Sie wohl mehr punkten können?

Option 1: Sie stellen ihre Zahlen in Tabellen dar. Diese enthalten alle relevanten Daten.

Option 2: Sie setzen die Daten in Szene und veranschaulichen den aktuellen Stand des Unternehmens durch Grafiken und Animationen. Die Grafiken und Animationen setzen die Zahlen in Bezug zueinander, sodass Kontext und Trend von jedem leicht erkannt werden.

Welchen Vorteil bietet Option 2? In Option 2 wird die Bedeutung der Daten leichter erkannt. Somit können Managemententscheidungen einfacher getroffen werden. Die Datenvisualisierung hilft Ihnen, Ihr Anliegen adäquat zu präsentieren und macht es gleichzeitig transparent und verständlich [2].

Ihr Gewinn durch eine Datenvisualisierung

- Sie steigern den Wert Ihrer Daten.
- Die Verständlichkeit Ihrer Daten steigt.
- Informationen können durch eine Visualisierung leichter aufgenommen werden.
- Relevante Punkte können hervorgehoben werden.
- Trends und Extreme können schneller erkannt werden.
- Die Entscheidungsfindung ist vereinfacht.

Tipps für eine gelungene Visualisierung

- Leichte Verständlichkeit ist ein Muss.
- Verzichten Sie wenn möglich auf Fußnoten.
- Stellen Sie den Sachverhalt intuitiv dar.
- Wählen Sie eine sinnhafte Farbgebung.

- Die Visualisierung muss in den Kontext Ihres Anliegens passen.
- Die Visualisierung muss eine Aussage treffen.
- Sehen Sie sich nach gelungenen Visualisierungen um und nutzen Sie diese als Inspiration.

Dieser QR-Code führt sie zum Video Data&Analytics – der Wert von Daten.

3.6 Digitale Transformation und Innovation heute – Interview mit Professor Dr. Runsjak

Professor Dr. Andreas Rusnjak ist passionierter Business Model Engineer und besitzt fundierte Erfahrungen in der Gründung, Innovation und Transformation von Geschäftsmodellen. In den letzten fünf Jahren war er als Head of Business Engineering in leitender Funktion bei einem der größten Online-Shops Deutschlands tätig. Aktuell wirkt er als Professor an der Hochschule Flensburg sowie als Autor und Speaker. Parallel hierzu berät er Unternehmen und begleitet Führungskräfte u. a. in den Bereichen Digitale Transformation, Strategisches Innovationsmanagement, Digital Commerce, Customer Experience Management [7].

In welcher Weise wirkt sich die digitale Transformation auf Unternehmen aus? Geht es nur um den Einsatz neuer Technologien oder um mehr? Wie stelle ich darauf aufbauend mein Unternehmen auf und was sind die Erfolgsfaktoren?
Digitale Transformation wirkt sich vor allem in strategischer, kultureller und organisatorischer Hinsicht auf Unternehmen aus, wobei viele Unternehmen den Fehler begehen, digitale Transformation über den

Einsatz neuer Technologien (prozessorientiert) zu triggern und nicht, wie es sinnvoller wäre, aus einer holistischen, strategischen Sichtweise – mit dem Kunden im Zentrum – heraus. Erfolgsfaktoren sind die Identifikation passender Stakeholder im Management, in der Organisation und die Schaffung einer Plattform für digitale Experimente sowie eine Etablierung einer Kultur des Experimentierens und Scheiterns.

Durch die schnell voranschreitende Digitalisierung kämpfen viele Unternehmen ums Überleben. Was könnten erste Schritte für ein Unternehmen sein, die Überlebensspirale zu verlassen und sich in Richtung Marktführerschaft zu bewegen?
Erste, empfehlenswerte Schritte sind eine Bestandsaufnahme über aktuelle Stärken und Schwächen im Hinblick auf die Marktsituation und technologische Reife (Business Model Assessment), anschließend eine konsequente Orientierung bestehender Produkte/Services am Kundennutzen, den Ausbau digitaler Mehrwerte über machbare, inkrementelle Core Innovations in Richtung erste, digitale Leuchtturmprojekte. Über erste kleine Erfolge werden Success Stories in Unternehmen geschrieben, kommuniziert und somit eher eine Bereitschaft für den Wandel hergestellt.

Aktuell liegt noch keine allgemeingültige Definition des Innovationsbegriffs vor. Wie definieren Sie Innovation? Gibt es verschiedene Arten oder Dimensionen von Innovation?
Eine Innovation ist zunächst ein theoretisches Konstrukt, eine Idee oder Überlegung. Dies wird in einen technischen Realisierungsraum überführt, um anschließend einen ökonomischen Nutzen für ein Unternehmen, eine Gesellschaft etc. zu erzielen. Bleibt es beim technischen Realisierungsraum, spricht man von einer Invention (Erfindung), geht es darüber hinaus, handelt es sich um Innovation. Innovationen können in eine Organisation hinein (z. B. mikroökonomischer Transformationsprozess) oder aus einer Organisation in einen Markt (z. B. makroökonomischer Weiterentwicklungsprozess) wirken.

„Innovation = theoretical   conception + technical   invention + commercial exploitation" (Trott, P.: Innovation management and new product development; Prentice Hall, Harlow, Munich, 2012).

Prozess-, Organisations-, Produktinnovationen und alle weiteren Formen sowie Arten von Innovationen kann man vor allem in ein Innovationsportfolio mit folgenden drei Kategorien überführen und einwerten: Core Innovation, Adjacent Innovation und Transformational Innovation (Nagji, Bansi; Tuff, Geoff (2012): Managing Your Innovation Portfolio. In: Harvard Business Review 90 [5]. Online verfügbar unter https://hbr.org/2012/05/managing-your-innovation-portfolio.)

Wie hängen aus Ihrer Perspektive die digitale Transformation und die Innovationsfähigkeit von Unternehmen zusammen?
Beides sind meiner Ansicht nach untrennbar miteinander verbunden, denn eine Transformation stellt immer den Wandel eines (kompletten) Geschäftsmodells in Richtung Neuerung/Innovation dar. Wichtig ist dabei erst einmal zu verstehen, dass es keine gesamtunternehmerische Digitalisierungsstrategie gibt, sondern dass alle Teilstrategien (z. B. Innovations-, Marketing-, Technologie-, Vertriebs-, Personal-, Produkt-/Servicestrategie usw.) in sich Potenziale der digitalen Transformation und damit auch aus Innovationen entlang ihrer Domäne heben müssen.

Welche Rahmenbedingungen sind notwendig, damit Unternehmen Innovationen hervorbringen? In welcher Weise muss ich mein Unternehmen aufstellen, sodass Innovation automatisch als Nebenprodukt zum Tagesgeschäft entsteht?
Wichtig ist es, eine Standortbestimmung über ein Business Model Assessment vorzunehmen und daraus gezielte Teilstrategien abzuleiten. Über einen strukturierten Innovationsprozess, mit klarem Fokus auf Kundenzentrierung, können, vorausgesetzt alle Einheiten sind sinnvoll integriert, Innovationen aus dem Tagesgeschäft heraus generiert werden. Je nach Innovationsgrad (Core, Adjacent, Transformational Innovation) ist das Tagesgeschäft von viel bis wenig integriert.

Das Metaversum gibt eine neue Richtung vor. Wie könnten zukünftige Geschäftskonzepte aussehen und welche neuen Möglichkeiten sehen Sie für Unternehmer? Ist das Metaversum Ihrer Meinung nach ein Innovationsinkubator?

Sehe ich nicht so. Metaversen stellen sich zunächst wohl eher als eine Art neuer Marketing-, Vertriebs- und Kommunikationskanal für Unternehmen dar. Je nach Geschäftsfeld eines Unternehmens können digitale Produkte/Services mehr oder weniger stark in Metaversen vermarktet werden und/oder Unternehmen positionieren sich als attraktiver Arbeitgeber für Talente bzw. potenzielle Mitarbeiter. Versierte Unternehmen scannen sicherlich nach Produkt-/Service- sowie Technologietrends in Metaversen und versuchen hieraus Potenziale zu genieren. Mal sehen, was daraus wird, genaueres kann ich hierzu noch nicht sagen.

Die digitale Transformation und die Innovationsfähigkeit von Unternehmen hängen direkt zusammen. Somit darf Innovationsfähigkeit nicht außen vor bleiben und muss gefördert werden, um als Unternehmen langfristig und nachhaltig am Markt zu bestehen.

Das nächste Kapitel widmet sich dem Thema der Selbstorganisation, welchen Nutzen sie hat und wie dies in der Praxis aussehen kann.

Literatur

1. Institut für Führungskultur, (2019), Metastudie 2019: Führungskompetenzen im digitalen Zeitalter. https://ifidz.de/digital-leadership-beratung-metastudie/. Zugegriffen am: 04.04.2022.
2. Swoboda, M. (2020) *Daten clever vermitteln*. https://martinaswoboda.com/2020/08/10/daten-clever-vermitteln/. Zugegriffen am 11.04.2022.
3. Swoboda, M. (2021a) *Innovational Leadership: Der Wert von Daten*. https://martinaswoboda.com/2021/06/12/digital-leadership-der-wert-von-daten/. Zugegriffen am 04.04.2022.
4. Swoboda, M. (2021b) *Innovational Leadership: Führung in digitalen Zeiten*. https://martinaswoboda.com/2021/02/25/digital-leadership-fuehrung-in-digitalen-zeiten/. Zugegriffen am 04.04.2022.
5. Swoboda, M. (2022). Von der Hierarchie zur Innovation – mit Innovational Leadership. In E. Bozyazi & D. Kurt (Hrsg.), *Soziale Nach-*

haltigkeit und digitale Transformation (S. 129–141), Stuttgart: Schäffer-Poeschel.

6. Swoboda, M. (Erscheint 2022). Innovational Leadership. In A. Rusnjak (Hrsg.), *Playbook für Innovatoren in unsicheren Zeiten,* Wiesbaden: Springer.

7. A. Rusnjak, https://www.rusnjak.net/unternehmen/, abgerufen am 15.05.2022.

4

Mit Selbstorganisation das Basisgeschäft sichern

In diesem Kapitel erfahren Sie, warum selbstorganisierte Teams so wertvoll sind und wie Sie selbst eines aufbauen können. Insbesondere der Konzernkontext wird betrachtet. Dies ist die wohl schwierigste Umgebung, um ein selbstorganisiertes Team aufzubauen und zu halten. Beispiele aus der Praxis werden Vorgehensweisen erläutern. Zudem erwarten sie Experteninterviews zu den Themen agile Organisationsentwicklung und soziale Nachhaltigkeit.

4.1 Soziale Nachhaltigkeit

Der Begriff soziale Nachhaltigkeit ist noch relativ unbekannt. Soziale Nachhaltigkeit ist im virtuellen Arbeitsbereich ein unverzichtbarer Baustein.

Innovational Leadership zeigt eine Möglichkeit auf, sozial nachhaltig zu führen. Den Kern von sozialer Nachhaltigkeit bilden gute Beziehungen. Diese werden in drei Handlungsebenen eingeteilt:

* Sinn
* Identität
* Kooperation

© Der/die Autor(en), exklusiv lizenziert an Springer-Verlag GmbH, DE, ein Teil von Springer Nature 2022
M. Swoboda, *Innovational Leadership*, https://doi.org/10.1007/978-3-662-65783-6_4

Zudem gibt es drei bestimmende Beziehungsebenen, die entscheidend sind, egal ob es sich um eine Zweierbeziehung oder eine internationale Beziehung handelt:

- Eine gute Beziehung zu sich selbst
- Eine gute Beziehung zu anderen
- Eine gute Beziehung zur Mitwelt

Eine sozial nachhaltige Entwicklung ist durch den dauerhaften Erhalt der sozialen Grundlagen gekennzeichnet. Soziale Nachhaltigkeit erfordert eine Lebens- und Wirtschaftsweise, die das gute Miteinander zu sich selbst, zu anderen und der Mitwelt fördern und erhalten [1].

Ein sozial nachhaltig arbeitendes Unternehmen ist kurzgesagt ein Unternehmen, in dem die Mitarbeiter gern arbeiten. Dies ist nicht einfach zu erreichen. Jeder Mensch muss in seiner Unterschiedlichkeit wahrgenommen und respektiert werden. Somit arbeiten unterschiedliche Menschen gern in unterschiedlichen Kontexten, Organisationsformen mit einem unterschiedlichen Grad an Autonomie [1].

Hier sind wir an einem interessanten Punkt, den auch ich beobachten konnte: Jeder Mensch benötigt einen unterschiedlichen Grad an Autonomie in seinem Arbeitsleben. Wenn Mitarbeiter überfordert, sich nicht gehört oder gesehen fühlen, führt das unweigerlich zur inneren Kündigung.

Wenn es darum geht, langfristig erfolgreiche Unternehmen aufzubauen, ist dies immens wichtig. Wenn der Großteil Ihrer Belegschaft keinen Bezug zu Ihrem Unternehmen hat, ist das ein Problem. Sie werden nie so viel Erfolg haben wie mit motivierten Mitarbeitern, die sich mit Ihrem Unternehmen verbunden fühlen [4].

Besonders in der Form eines selbstorganisierten Teams können wir die Parameter der sozialen Nachhaltigkeit wiederfinden. Selbstorganisation zielt darauf ab, Menschen zu mehr zu befähigen als sie sich selbst zugetraut hätten. Natürlich in einem gesunden Maß. Wachsen mit ihren Aufgaben, bemerken, welche Aufgaben ihnen liegen und welche nicht. Sie entdecken während des Tuns ihre Stärken. Somit verbessern sich das Selbstbewusstsein jedes Einzelnen und zugleich die Beziehung zu sich selbst. In der Selbstorganisation finden wir auch das Streben nach einer guten Beziehung zu anderen. Bei der Selbstorganisation setze ich auf ein großes Maß an Eigenverantwortung, Selbstreflexion und kollaborative und agile Arbeitsformen. Dies hat einen sehr großen und positiven Einfluss auf das Teamgefüge und die Zusammenarbeit mit Projektpartnern.

Wie sieht es in der Praxis aus? Warum können Unternehmen in dieser schnelllebigen Zeit nicht mehr mithalten oder flexibel reagieren? Weil die Mitarbeiter die Veränderungsmaßnahmen nicht unterstützen. Vermutet wird, dass es sich um Unmut handelt. Aber ist es das wirklich? Meine Erfahrung zeigte etwas anders.

Mitarbeiter kämpften oft ums Überleben, arbeiteten Tag für Tag, um sich mit ihrer anfallenden Arbeit über Wasser zu halten. Hier war zum Ersten keine Kapazität für Veränderung vorhanden, zum Zweiten keine Motivation. Besonders in Konzernen durchlaufen Mitarbeiter diverse Veränderungsmaßnahmen, die wenig erfolgreich sind und die Basis nicht erreichen. Das führt zu Frustration und gar innerer Kündigung.

Wie es schlechter nicht laufen kann, sehen Sie an den nachfolgenden zwei Beispielen, die keine Seltenheit sind [4].

Das Change-Projekt

Einer meiner Mitarbeiter berichtete mir von einem Change-Projekt bei dem er sehr engagiert mitgearbeitet hat. Von „ganz oben" wurde er angesprochen und gefragt, ob er sein Know-how zur Verfügung stellen würde. Motiviert sagte er zu. Er fühlte sich geschmeichelt und war startklar. Er erarbeitete das gewünschte Konzept in einer sehr kurzen Zeit, wie gewünscht. Sein Konzept liegt noch heute in der Schreibtischschublade. Denn der sogenannte Change-Prozess versandete unter vielen im Meer der gescheiterten Projekte des Konzerns.

Die Verbesserungsmaßnahme

Sie haben bestimmt schon von Konzernverbesserungsprogrammen gehört, KVB genannt. Dort reichen Sie Ihre Ideen für Einsparungs- oder Verbesserungsmaßnahmen ein. Das tat ein Mitarbeiter. Er hatte eine innovative Idee, um ein Bauteil zu verbessern und so günstiger instandhalten zu können. Er freute sich sehr über die Annahme und Umsetzung seines Vorschlags. Doch die versprochene Prämie für die Einsparung blieb

> aus. Warum war das so? Eine Führungskraft nach der anderen schob die Entscheidung, wie hoch der Bonus ausfällt, weiter. Niemand fühlte sich bis jetzt zuständig oder hatte die angebliche Kompetenz zur Entscheidung. Bis heute hat er nur Ausreden erhalten – nicht einmal die Absage der Bonuszahlung.

Die zwei Beispiele zeigen deutlich, wie man seine Mitarbeiter demotivieren und zur inneren Kündigung führen kann. Das Innovational-Leadership-Konzept setzt daher auf die Integration von sozialer Nachhaltigkeit. Stellen Sie sich vor, wie die beiden Mitarbeiter durch die Anerkennung ihrer Leistung und einen wertschätzenden und respektvollen Umgang mit Ihnen weiter aufgeblüht wären. Diese beiden sind verlorenes Gold. Gold, das sie mit dem Prinzip der Selbstorganisation heben können.

4.2 Soziale Nachhaltigkeit – Interview mit Professor Dr. Esin Bozyazi

Esin Bozyazi ist Professorin für Sustainable Entrepreneurship an der International University, Autorin, Aufsichtsrätin sowie Vizepräsidentin des Instituts für soziale Nachhaltigkeit e. V. Sie begleitet international die Transformation von Unternehmen im Bereich Nachhaltigkeit und Digitalisierung. Sie ist Expertin für holistische nachhaltige Geschäftsmodellierung und Social Innovation und leitet das Steinbeis Beratungszentrum für Geschäftsmodelle der Zukunft in Stuttgart. Professorin Bozyazi lebt und arbeitet in ihrer geliebten Stadt Istanbul und in ihrer Wahlheimat in Stuttgart. Sie entwickelt Crossover-Projekte und organisiert Events mit gesellschaftlicher Relevanz (NEXTPRENEURS.org, www.crossover-projekte.com; [6]).

Wie definieren Sie soziale Nachhaltigkeit?
Wir vom Institut für soziale Nachhaltigkeit definieren soziale Nachhaltigkeit über eine gute Beziehung als Mensch zu mir selbst, zu anderen und zur Umwelt, einer guten Zusammenarbeit im geschäftlichen Kontext oder im weiteren Sinn, dem Zusammenleben mit der

Natur. Somit ergibt sich eine ganzheitliche Betrachtungsweise von Beziehungen, die insgesamt als soziale Nachhaltigkeit beschrieben wird.

Was bedeutet soziale Nachhaltigkeit für Unternehmen?
Wenn wir soziale Nachhaltigkeit volkswirtschaftlich betrachten, geht es um den Zusammenhalt von Menschen an einem Ort oder Land. Wenn wir auf die Mikroebene im Unternehmen gehen, ist es die Beziehung zu mir und zu anderen Menschen wie meinen Kollegen, dem Chef, den Kunden, Geschäftspartnern oder Lieferanten. Genau an diesen Schnittstellen sehen wir die Schwierigkeiten. Natürlich ist auch das Verhältnis jeder einzelnen Person zur Natur mit inbegriffen. Wir versuchen auf der Mikroebene, ein besseres Verhältnis im Unternehmen und seinem Umfeld sowie zur Konkurrenz zu schaffen. Die Brücke zur Innovation sind die Beziehungen. Wie werden diese guten Beziehungen verwendet, um Innovation zu schaffen? Früher haben Konkurrenten niemals zusammengearbeitet, um Innovation hervorzubringen. Dies sind Dinge, die im Unternehmenskontext wichtig sind. Wenn man sich wohl fühlt, ist man effektiver und besser im Vergleich zu einem Umfeld, in dem Angst regiert und man sich unwohl fühlt. Dort bringt man nur in seltenen Fällen einen positiven Mehrwert für die Gesellschaft und das Unternehmen. Wir vom Institut für soziale Nachhaltigkeit schauen auf den einzelnen Menschen. Der Mensch steht bei uns im Mittelpunkt auch im Unternehmenskontext. Unternehmen bestehen aus Menschen. Natürlich wird es bald auch Fabriken und Unternehmen geben, wo nur Roboter arbeiten. Dennoch haben wir auch hier einen menschlichen Einfluss, z. B. auf die Programmierung. Hier geht es dann ins Detail. An dieser Stelle kommt die Ethik mit herein und die Frage, wie man Digitalisierung und Ethik zusammenbringen kann. Wo sehen wir die Ethik und welche Möglichkeiten gibt es? Hier würde das Thema für das Interview zu groß werden. Zum tieferen Eintauchen in diese Thematik gibt es unser Buch *Soziale Nachhaltigkeit und digitale Transformation*, ein Herausgeberwerk von mir und Dilek Kurt. Dort gibt es ein ganzes Kapitel über die Folgen der digitalen Transformation hinsichtlich sozialer Nachhaltigkeit.

In welcher Weise lässt sich soziale Nachhaltigkeit im Kontext der digitalen Transformation umsetzen?

Das sind zwei Themen. Wenn wir überhaupt von Transformation sprechen, dann sprechen wir von Change, von Veränderung. Veränderungsmanagement ist uns allen bekannt und keiner will es mehr hören. Aber es ist sehr wichtig. Veränderungen können nur stattfinden, wenn wir die Menschen mitnehmen, mit denen wir interagieren. Erst wenn wir anfangen, Dinge zu erklären, und gut kommunizieren, erst dann wir es uns gelingen, etwas zu verändern. Wir können den Menschen hier nicht ausnehmen. Der Mensch ist im gesamten Transformationsprozess sehr wichtig. Hier kommt die soziale Nachhaltigkeit ins Spiel. Wir wollen, dass es den Menschen gut geht, dass sie ohne Angst und andere Sorgen ihrer Arbeit nachgehen können, einer sinnvollen Arbeit nachgehen können. Auch der Sinn der Transformation ist ein wichtiger Punkt. Hier haben wir ein Zusammenspiel von Menschen, die sich wohlfühlen, einer sinnvollen Arbeit und einer guten Kollaboration zwischen den Menschen, der Natur und zu mir selbst. Hier bildet sich ein Dreieck aus Mensch, sinnvoller Arbeit und Kollaboration. Alle drei Punkte müssen in einem Gleichgewicht sein und gleichzeitig betrachtet werden, um soziale Nachhaltigkeit im Unternehmen zu erreichen. Die digitale Transformation hat eine andere Dimension. Es ist nicht nur eine Weiterentwicklung der Technologie, sondern sie fordert auch eine weitgehende Veränderung in der Gesellschaft und den Unternehmen. Wie wird KI eingesetzt und genutzt? Wie fühlen sich Menschen damit wohl? Wie interagieren wir mit diesen neuen Technologien und Robotern? Parallel zu diesem Themenkomplex verläuft der ethische Gedanke. Ethik muss von Anfang an berücksichtigt werden. Um auf die Frage der Umsetzung im Unternehmen zurückzukommen: Wir haben eine konkrete Vorstellung, wie wir soziale Nachhaltigkeit im Unternehmen umsetzen wollen und können. Dabei sagen wir nicht: „nach diesen Gesetzen", sondern wir gehen individuell vor im Unternehmen, mit den Mitarbeitern. Gemeinsam schaffen wir einen Wertekontext mit den Angestellten und dem Unternehmen. So werden die gemeinsam erarbeiteten Werte besser akzeptiert und umgesetzt. Das hat zur Folge, dass wir nicht nur den technischen

Aspekt und die Ethik betrachten, sondern auch den Menschen, ihn mitnehmen, mit entscheiden lassen, ihn mit berücksichtigen.

Eine sinnvolle Arbeit zu haben, ist ein wesentlicher Baustein der sozialen Nachhaltigkeit. Was ist besonders wichtig und welche Todsünden sollte ich nicht begehen?
Die Sinnhaftigkeit wird bei vielen Unternehmen auch insbesondere bezüglich einzelner Arbeitsschritte nicht richtig kommuniziert. Das ist meiner Ansicht nach eine „Sünde". Wenn man jemandem sagt, er soll etwas tun, ohne zu erklären warum, welchen höheren Sinn es hat. Wozu dient es? Ein Beispiel: Man bearbeitet ein Projekt und plötzlich wird es als Müll deklariert und nicht umgesetzt. Die ganze Arbeit war umsonst. Hier muss eine Erklärung folgen, um die geleistete Arbeit zu wertschätzen, um überhaupt den Sinn der Arbeit zu kommunizieren. Nicht zu kommunizieren, ist eine Sünde. Vielleicht wurde das Projekt nicht verwirklicht, das Konzept nicht umgesetzt, das ist ok. Jedoch muss man danach erklären, warum man diesen Schritt gemacht hat.

Ein weiterer Punkt ist die erlebte Fehlerkultur. Es kann auch sein, dass die Arbeit als sinnvoll empfunden wird und eine gute Kommunikationskultur herrscht. Jedoch entstehen im Prozess Fehler, aus denen nicht gelernt wird, und es entsteht wiederum eine nicht sinnvolle Arbeit. Hier sollte von Anfang an klar sein, wie mit Fehlern umgegangen wird und wie die gesamte Organisation daraus lernen kann. Fehler sollten nicht als sinnlos definiert, sondern als Lernmöglichkeit. Das zu kommunizieren ist wichtig.

Nicht genug Zeit zu geben für die Entwicklung der Organisation ist ein weiterer Fehler. Man erwartet, dass die Unternehmenskultur sich von heute auf morgen ändert. Das ist nicht so. Nur weil ein Berater sagt, die Unternehmenskultur soll sich ändern und den Purpose ändert, hat die Organisation die Veränderung noch lange nicht durchlaufen. Es braucht Zeit, diese muss man geben und die Mitarbeiter und Beteiligten mitnehmen. Auch die Geschäftspartner dürfen wir nicht vergessen. Wenn diese tangiert werden, brauchen auch sie Zeit, um mit der neuen Situation umzugehen.

Wie können nachhaltige Geschäftsmodelle der Zukunft aussehen? Was zeichnet sie aus?

Nachhaltig meint ganzheitlich. Oft hören und lesen wir von Nachhaltigkeitsberichten: „Wir sind besonders grün". Wir recyceln und sparen Strom. Es wird oft nur von der ökologischen Seite geguckt. Ein wichtiger Ansatz ist die Circular Economy – ein Konzept, das Nachhaltigkeit gesamtheitlich betrachtet. Dennoch fehlten auch hier zum Teil Aspekte aus der sozialen Nachhaltigkeit. Wenn wir uns die drei Seiten der Nachhaltigkeit ansehen, die ökologische, die ökonomische und die soziale, ist von der Unternehmensseite her betrachtet die ökonomische Nachhaltigkeit natürlich sehr wichtig. Wir führen Unternehmen nicht zum Selbstzweck. Wir wollen einen ökonomisch sinnvollen Mehrwert in die Gesellschaft bringen. Während die Unternehmen den ökonomischen Nutzen bringen, sollen sie jedoch der Natur nicht schaden. Es findet ein Prozess statt. Man gibt etwas ins Unternehmen hinein, den Input, und dann gibt es einen Output. Weder beim Input noch beim Output sollte Müll entstehen. Aus der Perspektive von Circular Economy sollte daraus immer wieder ein Mehrwert in jeder Ebene entstehen, plus die sozial nachhaltigen Aspekte, die wir vorher besprochen haben. Das ist ein sehr guter Ansatz für die Zukunft.

4.3   Selbstorganisation – Grundsätzliches

Selbstorganisation bedeutet im Kontext von Innovational Leadership eigenverantwortliches Arbeiten sowie Teil von Entscheidungen zu sein. Selbstorganisation bedeutet hier nicht nur sich selbst zu organisieren, sondern auch Aufgabenbereiche zusammen mit Kollegen. Die Form der Selbstorganisation wird bereichert durch agile Methoden, die zur jeweiligen Herausforderung passen. Hilfreich ist teils ein Kanban Board und im nächsten Fall ein Sprint ähnlich wie bei Scrum. Das Innovational-Leadership-Konzept steht für höchste Flexibilität. Es soll nicht das Konzept Hierarchie durch das Konzept Selbstorganisation blind gestaucht werden. Hier haben sie die Freiheit, Ihr Modell der

Selbstorganisation zu kreieren. Ganz nach ihren Bedürfnissen und Anforderungen.

Um mit einem selbstorganisierten Team zu starten, brauchen Sie nichts weiter als Ihr Team und sich und eine große Portion gesunden Menschenverstand. Es ist nicht richtig, dass Sie vorab Schulungen besuchen müssen. Auch nicht ihr Team. In Abschn. 4.3 *Ein möglicher Weg im Konzern* gehe ich auf mögliche erste Schritte im Detail ein.

In meiner Laufbahn als Mitarbeiterin und Führungskraft durfte ich verschiedene Arten von Chefs und Führungsstilen kennenlernen. Diese Erlebnisse waren der Grund, mich auf meinen eigenen Weg als Führungskraft zu machen.

Extreme in der Führung

In meinem bisherigen Arbeitsleben durfte ich verschiedene Führungsstile kennenlernen. Mein erster Chef führte ganz klassisch, hierarchisch. Hierbei stand er im Mittelpunkt. Verantwortung wurde nur ganz vereinzelt und mit großen Auflagen an Mitarbeiter übergeben. Alle wichtigen Entscheidungen traf mein Chef natürlich selbst. Ich fühlte mich dadurch eingeschränkt und nicht wahrgenommen. Das führte dazu, dass ich mir eine neue Herausforderung suchte. Eine neue Aufgabe, bei der ich eigenverantwortlich und frei arbeiten konnte.

Ich arbeitete nun mit einem Chef, der mir völlig freie Hand ließ und mich an meinen Aufgaben und Herausforderungen wachsen ließ. Die Art zu Arbeiten war gänzlich anders zu meiner letzten Stelle. Doch merkte ich bald, dass ich mich in einem anderen Extrem, einem Extrem der Selbstüberlassung befand. Es gab keinerlei Leitplanken und Hilfestellung für mich. Das machte es für mich wiederum schwierig und unangenehm. Denn wenn gar keine Richtung angezeigt wird, ist es schwierig, seine Aufgaben zufriedenstellend zu erfüllen. Es fehlt die wichtige Rückkopplung, ob die Arbeit, die sie tun, den Zielen des Unternehmens entspricht.

Diese zwei Führungswelten beschreiben sehr unterschiedliche Herangehensweisen. Was sie gemeinsam haben ist, dass ich als Mitarbeiterin mein Potenzial nicht entfalten und einbringen konnte. Diese Erlebnisse brachten mich zum Nachdenken. Eigenverantwortliches Arbeiten ja, aber völlige Selbstüberlassung nein. Diese Gedanken führten mich letztendlich zur Selbstorganisation.

Ich verstehe Selbstorganisation nicht nur als eine Methode, sondern auch als eine innere Haltung. Wenn Sie wie ich mit Menschen selbstorganisiert arbeiten möchten, sollten Sie sich selbst als Führungskraft strukturieren können. Strukturieren in dem Sinn, dass Sie einen Plan oder eine Vision haben, der sie folgen.

Die Selbstorganisation gehört zu den agilen Methoden. Oft wird agil mit Chaos verglichen. Genau das Gegenteil ist der Fall. Sollten Sie selbstorganisiert arbeiten wollen, benötigen Sie viel mehr an Struktur als in einem hierarchischen System. Warum? Je freier Sie mit Ihrem Team arbeiten, desto mehr Eigenverantwortung ist gefragt. Mit Struktur meine ich in diesem Zusammenhang nicht mehr und mehr Prozesse und festgelegte Strukturen. Bei der Selbstorganisation steht das Wort Struktur für klar kommunizierte Ziele und Inhalte.

Sie als Führungskraft sollten über klare Ziele und eine klare Vision verfügen. Ausgezeichnete Kommunikationsfähigkeiten sind immer ein Plus.

> „Selbstorganisation anzuwenden bedeutet nicht, dass wir ein Konzept durch ein anderes ersetzen. Hierarchie durch Selbstorganisation. Ich spreche von einer Selbstorganisation, einer agilen Arbeitsweise, die lebendig ist. Die an die jeweilige Situation angepasst wird, so dass sinnvolle und gewinnbringende Lösungen hervorgehen." [5]

Die Selbstorganisation ist ein wertvolles Tool des Innovational-Leadership-Konzepts. Sie ist ein bewährtes und leicht zu veränderndes Vehikel, um Mitarbeiter in die Eigenverantwortung zu führen. Sie haben großen Einfluss auf die Stellschrauben. Sie müssen nicht von heute auf morgen selbstorganisiert arbeiten, sondern können sich Schritt für Schritt von einem hierarchischen System in Richtung Selbstorganisation bewegen. Sehen Sie hier das Potenzial der Schattierungen, des Sowohl-als-auch. Denn ein selbstorganisiertes Team entwickelt sich schrittweise. Das ist ein großer Vorteil dieser Methode. Wie bei jedem Veränderungsprozess gibt es Mitarbeiter, die sie unterstützen, die Mitläufer und die Bremser. Je nach deren Tempo können Sie diese einbinden. Einbinden in dem Sinn, dass Sie erste weiterführende oder gar Führungsaufgaben an diese abgeben. Dreh-

und Angelpunkt bei jeglicher selbstorganisierter Arbeit sind Vertrauen und verantwortliches Handeln. Dies sollten Sie nicht nur von ihren Mitarbeitern einfordern, sondern auch selbst vorleben.

> „In der Selbstorganisation ist es elementar wichtig, verantwortlich zu handeln. Besonders als Führungskraft. Somit sehen Sie davon ab, dass Sie nur Ihre ungeliebten Aufgaben ans Team abgeben. Das funktioniert nicht. Ihre Mitarbeiter merken das. Und das ist nicht sozial nachhaltig. Verantwortung, Gemeinschaft und Freude an der Arbeit sind gesunde Absichten hinter der Etablierung von Selbstorganisation. Diese werden bei Ihren Mitarbeitern ankommen. Nur so werden sie ihnen freiwillig folgen." [4]

Selbstorganisation ist mehr als eine Methode. Sie ist eine Haltung.

Die Entwicklung hin zu einem selbstorganisierten Team ist ein Prozess. Bis Sie mit Ihrem jetzigen Team den optimalen Stand erreicht haben, kann es Wochen, Monate oder gar Jahre dauern. Warum? Jedes Mal, wenn jemand zum Team hinzukommt oder weggeht, ergeben sich neue Möglichkeiten, Aufgaben im Team zu rotieren. Im Lauf der Zeit wird das immer schneller funktionieren. Denn ihr Team ist geübt. Sie sehen, Selbstorganisation ist eine Haltung. Denn Ihr Team ist ein lebendiger Organismus, der sich mit Ihren Mitarbeitern und Ihnen entwickelt.

Warum dauert die Entwicklung eine Weile? Denken Sie an sich, wenn Sie eine Gewohnheit aufgeben wollen. Denken sie ans Kaffeetrinken. Für die meisten von uns wird es nicht leicht sein, unseren Kaffee von heute auf morgen aufzugeben. Doch über eine Zeit hinweg ist dies möglich, ohne zu sehr in den Alltag einzugreifen.

Ich habe von Wandel gesprochen, dieser vollzog sich in meinem Team auf unterschiedlichen Ebenen.

- Ich erhöhte langsam die Personalzahl und achtete dabei auf ein diverses Team.
- Der Verantwortungsbereich der einzelnen Mitarbeiter wurde stückweise vergrößert.
- Starke Fachexpertisen meiner Mitarbeiter wurden aufgebaut.
- Die Aufgabenzuteilung erfolgte rein stärkenorientiert.

Mit dieser neuen Ordnung und Arbeitskraft konnten das Tagesgeschäft leicht gesichert und Herausforderungen schneller bewältigt werden.

Wie können erste Schritte in die Selbstorganisation aussehen? Und wie funktioniert ein solches Team im Detail?

Eines verrate ich Ihnen schon jetzt. Vertrauen ist die Basis.

Ein selbstorganisiertes Team entwickelt sich schrittweise. Kontinuierlich werden neue Abläufe in der Praxis erprobt und anschließend über deren Beibehaltung entschieden. Hierfür benötigen Sie als Führungskraft Vertrauen in ihr Team. Denn ein selbstorganisiertes Team kann dies ohne Sie tun und nur an Sie berichten. Wenn Sie es zulassen oder besser loslassen. Erste Veränderungen können die Übergabe der Urlaubs- oder Bildungsplanung ans Team sein. Hiermit können Sie gut und ungefährlich testen, wie verantwortungsvoll Ihr Team bereits arbeitet. Stück für Stück übergeben Sie weitere Aufgaben. Ganz nach Ihrem Tempo.

> Das Tempo ist sehr wichtig. Sie als Führungskraft müssen sich damit wohl-fühlen. Die Transformation in Richtung eines selbstorganisierten Teams soll Ihnen keine schlaflosen Nächte bereiten. Geben Sie sich und Ihrem Team Zeit.

Weitere Aufgaben können sein:

- Die Projektzuteilung
- Das Leiten von Teambesprechungen
- Die Weiterentwicklung von Datenbanken
- Das Geben von Workshops
- Teilnahme für Sie an wichtigen Abstimmungen

Sie sehen: die Palette ist breit. Je nach Grad der Verantwortlichkeit einer Person sollten Sie dieser Aufgaben anbieten. Doch vergessen Sie nicht: Es ist auch o.k., wenn die Person die neue Aufgabe nicht annehmen möchte. Geben Sie den Menschen Zeit. Fragen Sie vielmehr, was sich an der Aufgabe, den Rahmenbedingungen oder sonst ändern müsste, sodass die Person die Aufgabe übernehmen würde. Haken sie nach. Gehen Sie in Kontakt und den Dingen auf den Grund. Fragen Sie, ob es eine andere Aufgabe gibt, die er gern übernehmen möchte. Die dann vielleicht veränderte Aufgabe kann auch ein anderer Mitarbeiter übernehmen, der sich davon angesprochen fühlt.

Der Weg in die Selbstorganisation ist kein leichter. Jedenfalls war er es bei mir nicht so. Von Zeit zu Zeit kommen trotz großer Vision und Motivation Zweifel auf. Die Zweifel sind berechtigt, da wir so hinterfragen, warum wir diesen Weg gewählt haben und ob wir noch richtig unterwegs sind. Aufzugeben, nur weil es schwer ist, kommt für mich nicht infrage. Ich glaube für Sie auch nicht. Sonst würden Sie dieses Buch nicht lesen. Nutzen Sie ihre Zweifel als Wegweiser, nicht als Grund, um aufzuhören und alles hinzuwerfen. Treten Sie einen Schritt zurück, lassen Sie sich mehr Zeit bei der Transformation. Es ist kein Sprint, sondern ein Marathon.

Denken Sie an das, was Sie bereits erreicht haben. Ihre Mitarbeiter arbeiten vielleicht schon stärkenorientiert und teils selbstorganisiert. Das ist super. Es geht nicht darum, die hundert Prozent zu erreichen. Manchmal ist dies gar nicht sinnvoll. Denn es gibt Arbeitsbereiche, bei denen eine hierarchische Vorgehensweise zielführender ist. Denken sie an die Meldekette bei Unfällen oder das Notfallmanagement. Jeder Mensch wird in seinem Arbeitsleben einen unterschiedlichen Grad an Selbstorganisation und Eigenverantwortung erlangen. Das ist normal und in Ordnung. Für Sie als Führungskraft bedeutet es, dass Sie dies erkennen sollten und entsprechend handeln. Handeln im Sinn von Akzeptanz und entsprechender Aufgabenzuteilung. Denken Sie an den vorherigen Abschnitt der sozialen Nachhaltigkeit. Jeder Mensch ist verschieden und trägt ein anderes Potenzial ins Team.

Ich habe Ihnen Vorteile und Herausforderungen geschildert. Nun ist es an Ihnen zu entschieden, ob ein selbstorgansiertes Team oder ein teilweise selbstorganisiertes Team für Sie infrage kommt.

Wenn Sie sagen, ja ich kann es mir gut vorstellen, dann legen Sie los. Starten Sie mit der ersten kleinen Sache, die Ihnen einfällt. Im ersten Schritt kommt es darauf an, dass Sie starten. Überlegen Sie nicht zu lange. Ziehen Sie die Theorie nicht in die Länge. Das sind Hindernisse die Sie sich selbst in den Weg legen und die Wahrscheinlichkeit immens senken, dass Sie beginnen. Sagen Sie sich und Ihrem Team, ich oder wir machen ein Experiment. Begrenzen Sie ihr Experiment gern auf eine bestimmte Zeit. Das könnte Ihnen helfen zu starten. Zudem können Sie so Ihre Mitarbeiter leichter mitnehmen.

Perfektion hat am Anfang des Wegs in die Selbstorganisation nichts zu suchen. Lassen Sie auch von ihr los. Aus jeder Schwierigkeit können Sie lernen und eine andere Lösung entwickeln.

Vielleicht gibt es in Ihrem Netzwerk Gleichgesinnte, die einen ähnlichen Weg gehen. Suchen Sie Kontakt und tauschen Sie sich aus. Das war für mich eine große Hilfe und Inspiration. Denn wir haben meist die gleichen Probleme, z. B. mit dem Vertrauen.

„Tu was du kannst, mit dem was du hast, wo immer du bist." (Otto von Bismarck)

Die QR-Codes führen zu zwei meiner Videos zum Thema Selbstorganisation. Viel Freude beim Entdecken.

4.4 Vertrauen und Eigenverantwortung als Eckpfeiler

„Selbstvertrauen ist die Quelle des Vertrauens zu anderen." (François de La Rochefoucauld)

Wenn Sie mit Ihrem Team selbstorganisiert arbeiten, machen hierarchische Kontrollmechanismen keinen Sinn mehr. Ihre Mitarbeiter werden selbstdisponiert im Homeoffice oder Büro arbeiten. Es herrscht Vertrauensarbeitszeit. Sie vereinbaren Arbeitsziele. Grundpfeiler dieser Art von Arbeit ist Vertrauen. Vertrauen ist ein fragiles Gut. Sie können einen Vertrauensvorschuss geben oder es langsam aufbauen. Dies hängt von Ihnen als Mensch ab.

Wie man Vertrauen aufbauen kann, auch wenn man grundsätzlich nur sich selbst vertraut, erfahren Sie auf den kommenden Seiten. Zuerst möchte ich auf den wichtigen Unterschied zwischen Vertrauen und scheinbarem Vertrauen eingehen und Ihnen einige Beispiele geben.

Markus Wechsel

Ein Mitarbeiter berichtete mir von seinem vorigen Wechsel und seinen jetzigen Bedenken gegenüber der selbstorganisierten Arbeitsweise. Was war passiert?

Markus wurde bei seiner letzten Stelle gefragt, ob er in die Abteilung wechselt. Es war die Rede von Vertrauensarbeitszeit. Das sprach Markus sehr an. Dass Markus laufende Projekte zu Ende bringen musste, die nichts mit der Abteilung zu tun hatten, das war klar und vorab besprochen. Diese sollte intern verrechnet werden. In der neuen Abteilung angekommen, ging es erstmal normal los. In der zweiten Woche sollte er ein Projekt einer Kollegin übernehmen, das sein Stundenbudget wohl weit gesprengt hätte. Er lehnte ab und bot an, einen Teil zu übernehmen. Kurz darauf hatte er sein erstes Einzelgespräch seit seinem Start mit dem Leiter. Hier ging es auch um seine abteilungsextern zu leistenden Stunden. Nun ging es plötzlich um eine Stundenaufstellung. Er sollte schätzten, wie lange er für xy braucht. Eine Excel-Tabelle wurde auf TEAMS für alle sichtbar eingestellt. In den anderen Spalten sollte er seine Aufgaben in der Abteilung wochenweise eintragen. Und alles nur für ihn. Der Leiter würde das nicht benötigen, sagte er. Für Markus war das nicht verständlich. Die Stunden waren vorher mit der anderen Abteilung klar abgesprochen. Warum nun der Aufwand? Was war die wirkliche Absicht des Leiters?

> Markus konnte die vorher besprochene Vertrauensarbeitszeit nicht sehen. Die interne Stundenabrechnung war schon vorher klar. Auch nach mehrmaligem Nachfragen kam nur die Antwort, das sei nur für ihn, Markus.
> Von mir wollte Markus wissen, ob dieses Vertrauen, von dem ich spreche, auch so ein scheinbares wäre wie bei seinem letzten Chef.

Eine kuriose Geschichte, die ich auch schon sehr ähnlich erlebt habe. Somit scheint ein derartiges Vorgehen keine Seltenheit zu sein.

Dieses Beispiel zeigt, dass kein Vertrauen vorhanden war. Vorgeschoben wurden Abrechnungsgründe. Ein oft gebrauchter Spruch ist: „Ich muss das an meinen Chef reporten." Sozial schädlicher sind Manipulationsversuche, bei denen Mitarbeitern der angeblich so besondere Deal mit ihnen vorgehalten wird. Das hört sich in etwa so an: „Als ich meiner Chefin von unserem Deal erzählt habe, konnte sie es nicht glauben und sagte, dass es solche Deals bei uns normalerweise nicht gibt." Gaukeln sie ihren Mitarbeitern nichts vor. Sie merken es, auch wenn sie nur ein schales Gefühl im Bauch haben. Eine weitere Manipulation könnte sein: „Du verdienst mehr als die anderen. Somit musst du auch mehr Projekte übernehmen." Lassen Sie auch das. Am Ende wird der Mitarbeiter wechseln und so wie Markus bei seinem neuen Chef sprechen. Ich möchte nicht, dass man so kuriose Dinge über mich sagt. Abgesehen von der mangelnden sozialen Nachhaltigkeit. Wie hätte die Geschichte von Markus noch laufen können? Schreiben wir die Geschichte um.

Markus Wechsel – neue Version

Markus wurde bei seiner letzten Stelle gefragt, ob er in die Abteilung wechselt. Es war die Rede von Vertrauensarbeitszeit. Dass Markus laufende Projekte zu Ende bringen musste, die nichts mit der Abteilung zu tun hatten, das war klar. Diese sollten intern verrechnet werden. In der neuen Abteilung angekommen, ging es erstmal normal los. In der zweiten Woche sollte er ein Projekt einer Kollegin übernehmen, das sein Stundenbudget wohl weit gesprengt hätte. Er lehnte ab und bot an, einen Teil zu übernehmen. Kurz darauf hatte er sein erstes Einzelgespräch seit seinem Start mit dem Leiter. Hier ging es auch um seine abteilungsextern zu leistenden Stunden. *Die beiden besprachen, dass die vereinbarten Stunden von seinem Chef genauso verrechnet werden, wie vorab besprochen, und er die restliche Zeit – egal ob er mehr oder weniger*

Stunden braucht – für abteilungsinterne Projekte nutzt. Der Leiter merkte positiv an, dass er in der letzten Besprechung wahrgenommen hatte, dass Markus gut über seine benötigten Stunden Bescheid wüsste und deshalb nur das Teilprojekt übernommen hatte. Das versteht er unter Eigenverantwortung und Selbstorganisation. Markus erwiderte darauf: „Wow, vielen Dank. So viel Vertrauen hat mir noch niemand vorher entgegengebracht und auch nicht die Wertschätzung." Sein neuer Chef antwortete, dass es für ihn wichtig sei, dass Markus einen guten Start hat. Nachdem die mitgebrachten Projekte abgearbeitet wären, kann er ja voll loslegen. Jetzt um jede Stunde zu feilschen, würde eine menschliche Kluft hervorrufen. Dies ist nicht in seinem Sinn. Seiner Erfahrung nach zahlt sich Vertrauen aus. Mitarbeitern Druck zu machen wegen Aufgaben, die sie abgesprochen mitbringen, wäre unfair. Schließlich möchte er, dass Markus dem Team längerfristig erhalten bleibt.

Die neue Version zeigt einen weiseren Chef der langfristig seine Ziele im Blick hat. Besonders am Anfang eines Arbeitsverhältnissens können Sie viel kaputt machen. Ich gebe ihnen noch ein Beispiel.

Marie und ihre Chefin

Eine Mitarbeiterin hat ein Eins-zu-eins-Gespräch mit ihrer Chefin. Es lief nicht gut und nicht schlecht. Somit wäre Marie neutral herausgegangen, hätte ihre Chefin sie nicht auf ihre Abschlusszeugnisse angesprochen. Marie hat zwei Mal studiert und hat ein Diplom und einen Master. Das Diplom hat sie mit 2,4 abgeschlossen und den Master mit 1,8. Ich würde sagen eine gute Leistung. Ihre Chefin nörgelte nun an ihrer Note für ihre Abschlussarbeit. Sie meinte, hier würde man die Qualität ihrer Arbeitsweise zeigen. Marie hatte keine Ambition, darauf einzugehen. Sie fragte sich jedoch, warum ihre Chefin auf eine so unsoziale Art und Weise mit ihr sprach. Sie kannte ihr Zeugnis doch aus der Bewerbung. Warum nun herumnörgeln? In Marie weckte das Misstrauen und Antipathie gegenüber ihrer Chefin. Welche Absicht verfolgte ihre Chefin wirklich?

Mitarbeiter klein zu machen ist eine gekonnte Praktik, um sie gefügiger und manipulierbarer zu machen. Diese Praktiken haben in der Selbstorganisation und insbesondere im Innovational-Leadership-Konzept nichts zu suchen. Dies lehne ich strikt ab. Wie Sie am letzten Beispiel sehen können, bringt es Misstrauen und Unverständnis in die

Beziehung. Dies wieder abzubauen, wird einiges erfordern. Der negative Eindruck bleibt.

Auch beim Gesprächsabschluss können Sie das Vertrauen ihrer Mitarbeiter verlieren.

Thomas Gespräch

Thomas war mit seinem Chef am Ende ihres Gesprächs angelangt. Sein Chef, zudem ein Coach, fragte abschließend, wie es Thomas nach dem Gespräch geht. Nett gemeint, dachte sich Thomas. Thomas antwortete, er würde die Infos erstmal alle verdauen müssen. Dem Gesichtsausdruck seines Chefs zufolge war dieser mit der Antwort nicht zufrieden und fragte erneut: „Thomas gehst du jetzt guter Dinge aus dem Gespräch? Konnte ich dir das mitgeben, was du benötigt hast?"

Thomas wunderte sich und antwortete, dass er gern erst Erfahrungen mit der Zusammenarbeit machen wolle. Er möchte sich langsam eine Meinung bilden. Und wie er schon gesagt hat, nimmt er die Informationen erstmal mit, um sie zu verdauen. Ob das alles für ihn stimmig ist, kann er noch nicht sagen. Der Chef wirkte weiterhin unzufrieden, beendete aber das Gespräch. Bei Thomas blieb ein komisches Gefühl zurück. Er hatte deutlich gemerkt, dass sein Chef eine andere Antwort hören wollte. Und dachte sich, dass Offenheit und wie es ihm wirklich geht, wohl doch nicht gefragt ist.

Was ist hier passiert? In diesem Fall ging es dem Chef am Ende nicht darum, ob Thomas all das erhalten hatte, was er sich vom Gespräch erwartet hatte. Es ging vielmehr darum, dass der Chef hören wollte, dass alles gut ist und somit er es auch gut gemacht hat. Dass er ein weiteres Gespräch höchst professionell nach Coaching-Ansätzen geführt und erfolgreich abgeschlossen hatte. Als die Zustimmung von Thomas ausblieb, konnte Thomas dies am Gesicht des Chefs ablesen. Der Chef war wohl gewohnt, dass ihm sonst am Ende des Gesprächs nur Ja entgegenkommt. Vertrauen konnte in diesem Beispiel nicht aufgebaut werden. Auch wenn das Gespräch vorher gut verlief, bleiben die letzten gewechselten Worte viel mehr im Gedächtnis.

Was meinen Sie? Wie würden Sie die Situationen lösen?

Vertrauen und Glaubwürdigkeit hängen eng zusammen. Wenn wie im letzten Beispiel die Glaubwürdigkeit des Chefs und seiner Absichten in Schieflage gerät, hat das natürlich Auswirkungen auf das Vertrauensverhältnis. Wem würden Sie eher vertrauen? Einer Person, die wirklich an Ihnen interessiert ist, oder einer, die es nur vorgibt?

> Vertrauen ist ein fragiles Gut. Achten sie sehr darauf, dass Sie Vertrauensverhältnisse nicht durch Achtlosigkeit zerstören. Der Aufbau dauert lang. Zerstört ist es schnell.

Lassen Sie uns in den anderen Pol gehen und sehen, wie Sie am besten Vertrauen aufbauen können. Der erste Schritt ist, das sie lernen, Vertrauen gegenüber ihren Mitarbeitern aufzubauen.

> Nur wenn sie verantwortliches Vertrauen vorleben, werden Ihnen Menschen vertrauen.

Mit verantwortlichem Vertrauen meine ich, sie sollen nicht blind vertrauen. Sie sollten keinem Dieb vertrauen oder einer Person, von der Sie wissen, dass Sie keine ehrlichen Absichten hat. Der Schritt, ins Vertrauen zu gehen, soll Ihr Unternehmen nicht ruinieren, sondern beflügeln.

Vertrauen ist in der Selbstorganisation die neue Kontrolle. Die Kontrolle in ihrer Funktion als Führungsinstrument hat ausgedient. Der Kontext, in dem wir uns im Innovational-Leadership-Konzept bewegen, ist ein eigenverantwortlicher und innovativer Kontext. Mit dem Schritt in die Innovation beschäftigen wir uns in einem folgenden Kapitel. Soviel vorab: Innovation entsteht nicht in einem einschränkenden und strikt kontrollierten Rahmen. Innovation setzt eigenverantwortliches freies Denken und Handeln voraus. Darauf arbeiten wir in diesem Kapitel hin. Der Aufbau von Vertrauen zwischen Ihnen und Ihren Mitarbeitern ist dabei essenziell.

Lassen Sie uns mit einem Beispiel starten.

Homeoffice – früher argwöhnisch betrachtet und heute ein fester Bestandteil

Erinnern Sie sich zurück an die Anfänge des Homeoffice und des mobilen Arbeitens. Ich als Führungskraft begann als erste, von zu Hause aus zu arbeiten. Damals drei Tage im Homeoffice und zwei Tage im Büro. Dies war in meinem Konzern vor fünf Jahren etwas Neues. Anfänglich war es für meine Mitarbeiter ungewohnt. Sie konnten nicht verstehen, warum ich nicht lieber im Büro war. Nach und nach probierten sie es selbst aus. Einer nach dem anderen, bis Homeoffice nicht mehr wegzudenken war. Es erleichterte vieles. Keine Büroschicht mehr nach einem langen Baustellenaufenthalt. Wenn die Kinder krank waren, konnten sie zu Hause betreut werden. Meine Mitarbeiter arbeiteten so noch eigenverantwortlicher im Homeoffice, Büro oder der Baustelle. Dies ist ein großes Stück an Freiheit und Selbstbestimmtheit, das zurückkommt.

Homeoffice ist ein sehr schönes Vertrauensthema. Anfangs wurde ich gefragt, wie ich die Arbeitsleistung meiner Mitarbeiter sicherstelle oder wie ich sie kontrolliere. Die Frage nach der Kontrolle war anderen Führungskräften die wichtigste. Hierbei ging es meist nicht um die Kontrolle der Mitarbeiter an sich, sondern die vermeintliche Kontrolle als Machtinstrument zu verlieren. Dies ist ein wichtiger Punkt. Im Innovational-Leadership-Konzept geht es nicht um Machtzugewinn, sondern um Eigenverantwortlichkeit, gegenseitige Unterstützung und das gemeinsame Erreichen der Ziele durch motivierte Menschen, die ihr Unternehmen voranbringen möchten. Dies funktioniert jedoch nur mit Vertrauen zueinander.

Vertrauen ist einerseits eine Entscheidung und andererseits ein wachsender Prozess. Vertrauen ist eine Entscheidung, die ich als Führungskraft oder Mitarbeiter treffe. Ich entscheide zu vertrauen. Meine Ausrichtung ist Vertrauen. Oft kommen wir von der anderen Seite. Wir kennen genug Beispiele, warum es schlecht ist zu vertrauen. Wir alle wurden in unserem Leben bereits enttäuscht. Und trotz allem kann ich als Mensch entscheiden zu vertrauen. Es geht nicht um blindes Vertrauen, sondern um gesundes Vertrauen. Gesund in der Hinsicht nicht leichtgläubig zu sein. Personen, die Sie hinters Licht führen wollen oder gar betrügen, sollten Sie konsequent aus dem Team entfernen. Dies sendet nach außen die Botschaft, dass nur ehrliche Menschen im Team willkommen sind. Meiner Erfahrung nach ist der Prozentsatz der Menschen, die vorsätzlich betrügen wollen, sehr gering. Insbesondere wenn ihnen ihre Arbeit Freude bereitet und ihre Bedürfnisse abdeckt. Deshalb war mir der Abschnitt der sozialen Nachhaltigkeit besonders wichtig. Handeln und führen Sie sozial nachhaltig und halten somit ihren Bereich frei von Schaden, der durch Vernachlässigung auftritt. Dies kann mangelnde Leistungsbereitschaft sein oder gar ein Diebstahl. Soziale Nachhaltigkeit ist die beste Vorbeugung [3].

Kommen wir zum zweiten Teil. Vertrauen entsteht zwischen Menschen in einem Prozess. Vertrauen kann wachsen oder sinken. Ein erster Schritt ist, sich als Führungskraft von der Gleichung abgeleistete Zeit ist gleich Leistung zu verabschieden. In einem dynamischen und selbstorganisierten Umfeld trifft diese Gleichung nicht mehr zu. Indem Sie Ziele und Termine mit Ihren Mitarbeitern vereinbaren, nehmen Sie der alten Gleichung die Kraft und schaffen eine neue Basis. Eine Basis, auf der Vertrauen wachsen kann.

Geben Sie Ihren Mitarbeitern einen Vertrauensvorschuss. Sie könnten es folgendermaßen versuchen:

- Arbeiten Sie sich Stück für Stück vor und gewähren Sie Stück für Stück einen größeren Vertrauensvorschuss.
- Vertrauen Sie bei bestimmten Sachen, wie z. B. bei zwei Tagen Homeoffice in der Woche.
- Sehen Sie, wie es sich entwickelt. Werden die vereinbarten Ziele zum vereinbarten Termin erreicht?
- Wenn ja, super. Wenn nein, fragen Sie nach. Woran lag es? Kommunizieren Sie die Ziele und den Termin nochmals deutlich. Sehen Sie, ob eine Veränderung im Verhalten eintritt. Wenn nein, ziehen Sie die Konsequenz, dass Sie mit diesem Mitarbeiter nicht derart frei arbeiten können. Versuchen Sie es mit anderen Mitarbeitern.
- Meist gelingt es nach einer kleinen Nachjustierung. Die Mitarbeiter verstehen schnell, welche Vorteile das Arbeiten von zu Hause ermöglicht. Auch sie sind daran interessiert, dass es funktioniert.

- Geben Sie wertschätzendes Feedback. Was ist Ihnen aufgefallen? Welche Erwartung hatten und haben Sie an Ihre Mitarbeiter? Was ist gut gelungen und was hat für Sie nicht funktioniert? Geben Sie Ihren Mitarbeitern eine Chance, Ihre Perspektive darzustellen. Fragen Sie diese, wie es Ihnen mit der neuen Situation gegangen ist. Dort finden Sie oft Antworten auf einige Ihrer Fragen.
- Fragen Sie nach, was Ihre Mitarbeiter brauchen, um genauso oder gar effektiver als im Büro zu arbeiten [3].

> **Die Mitarbeiterin im Homeoffice**
>
> Sie haben mit Ihrer Mitarbeiterin Frau Maier vor drei Wochen vereinbart, dass Sie nun im Homeoffice arbeitet. Frau Maier freute sich riesig und auch Sie waren guter Dinge.
>
> Jetzt nach drei Wochen haben Sie als Führungskraft nicht mehr so ein gutes Gefühl. Denn jedes Mal, wenn Sie Frau Maier anrufen, geht Sie nicht ans Handy. Sie ruft meist nach einiger Zeit oder ein paar Minuten später zurück. Das hat Sie misstrauisch gemacht. Sie fragen sich: Was soll das? Warum kann Sie nicht gleich ans Telefon gehen? Ist Sie gar nicht am Arbeiten?
>
> Lassen Sie uns die Situation auflösen. Sie sprechen Frau Maier beim nächsten Telefonat auf die Situation an und schildern Ihre Beobachtungen und wie es Ihnen damit geht. Frau Maier ist sehr betroffen und entschuldigt sich für das Missverständnis. Was war wirklich passiert? Frau Maier arbeitet zusammen mit ihrem Mann in einem Zimmer. Wenn die Kinder dann noch zu Hause sind, ist es sehr laut. So sorgt Frau Maier erstmal für Ruhe und wechselt den Raum, um sie ungestört zurückrufen zu können. Das ist kein seltenes Beispiel, besonders in unseren herausfordernden Zeiten. Denken Sie somit nicht sofort etwas Schlechtes. Fragen Sie nach. Sprechen Sie mit Ihren Mitarbeitern. Geben Sie einen Vertrauensvorschuss. Dieser wird fast immer belohnt.

Lassen Sie uns einen Blick auf das Phänomen des Misstrauens werfen. Hinsichtlich Misstrauen brauchen wir keine Anleitung. Da es uns so leicht von der Hand geht, vermittelt es uns etwas Natürliches. Misstrauen oder Achtsamkeit waren in Zeiten von Krieg und Hunger enorm wichtig. In unserer jetzigen Situation in der Arbeitswelt, in der wir versuchen, selbstorganisiert und innovativ zu arbeiten, ist diese Verhaltensweise nicht förderlich. Ein gesundes Misstrauen ist gesund. Ein chronisches Misstrauen allem und allen gegenüber ist ungesund und im Kontext Innovational Leadership hinderlich. Da wir uns nicht von heute auf morgen verändern und von ungesundem Misstrauen auf gesundes Vertrauen umschalten können, habe ich Ihnen vier bewährte Tipps in Richtung Vertrauen zusammengestellt [3]:

1. Starten Sie damit, Menschen bei bestimmten Sachen zu vertrauen, bei Dingen, bei denen Sie sich sicher sind. Allumfassendes Vertrauen zu üben ist nicht nötig.
2. Überfordern Sie sich nicht mit zu großen Schritten in punkto Vertrauen. Ansonsten werden Sie ihre Leichtigkeit und Freude an der Transformation verlieren.
3. Falls etwas schieflaufen sollte: Lassen Sie sich nicht von wenigen unzuverlässigen Menschen von ihrer Vision abbringen.
4. Machen sie stetig einen weiteren kleinen Schritt in Richtung Vertrauen.

Wenn Sie tiefer eintauchen möchten

• Unter welchen Bedingungen oder Voraussetzungen können Sie mit anderen vertrauensvoll zusammenarbeiten?
• Wollen Sie wirklich vertrauensvoll mit anderen Menschen zusammenarbeiten? Wo liegen Sie auf einer Skala von 0 bis 10? Null heißt kein Interesse und zehn drückt vollstes Interesse aus.
• Welche ersten kleinen Schritte können Sie selbst ab heute jeden Tag in Richtung Vertrauen gehen?

Vertrauen als Basis von Innovational Leadership

Vertrauen vorzuleben ist anfangs nicht leicht. Gehen Sie Schritt für Schritt in Richtung gesundes Vertrauen oder auch Misstrauen. Beide Pole sind wertvoll. Wagen Sie erste Schritte. Schenken Sie Ihren Mitarbeitern mehr und mehr Vertrauen. Entscheiden Sie sich bewusst für diesen Weg. Bleiben Sie auch bei Rückschlägen dabei. Das gehört dazu. Nur aus Fehlern lernen wir und wachsen daran. Zeigen Sie damit Ihrem Team, dass Sie es ernst meinen. Das verschafft ihnen natürlichen Respekt und Vertrauenswürdigkeit. Denn Sie stehen zu Ihrem Wort und Ihrer Vision. Genau diese Qualitäten machen Sie zu einem Leader, dem andere Menschen folgen.

4.5   Ein möglicher Weg im Konzern

Mein erster Schritt klingt einfach. Ich habe möglichst viele Mitarbeiter bei der Veränderung hin zur Selbstorganisationen aktiv eingebunden. Aktiv einbinden im Sinn von eigenverantwortlicherem Arbeiten und der Übernahme von ersten Führungsaufgaben [5].

> **Tipps für den Start**
>
> Fangen Sie mit einfachen Sachen wie der Bildungs- oder Urlaubsplanung an. Geben Sie diese ins Team. Hier kann nicht viel passieren und Sie können damit positive Erlebnisse schaffen. Achten Sie darauf, dass die ersten Mitarbeiter, denen Sie diese erweiterten Aufgaben zuteilen, auch verantwortungsvolle Menschen sind. Diese leicht zu bewältigenden Aufgaben führen zu positiven Erlebnissen und Ergebnissen. Mit den positiven Erlebnissen verknüpft sich der Begriff Selbstorganisation in den Köpfen der Mitarbeiter. Dies ist ein eleganter Weg, um Mitarbeiter abzuholen, besonders diejenigen, die anfangs noch skeptisch waren. Bedenken Sie, Ihre Mitarbeiter haben nicht immer gute Erfahrungen mit Veränderungen gemacht. Somit geben Sie Ihnen und sich etwas Zeit, um Vertrauen zu Ihnen und in die Arbeitsweise der Selbstorganisation aufzubauen.

Je größer das Unternehmen oder der Konzern ist, in dem Sie ein selbstorganisiertes Team etablieren wollen, desto schwieriger ist es. In einem kleineren oder mittleren Unternehmen können Sie dies unkomplizierter umsetzen.

Sollten Sie, wie ich es getan habe, in einem Konzern arbeiten, gibt es auch hier einen eleganten Weg, Selbstorganisation für sich und Ihren Bereich auszuprobieren. Im nächsten Abschnitt erläutere ich Ihnen meinen eigenen Weg. Er soll Ihnen als Inspiration dienen. Es ist kein Weg, der eins zu eins übernommen werden soll oder muss. Es gibt viele Wege zum Ziel. An meinem Beispiel werden Sie sehen, dass viel mehr möglich ist, als Sie denken. Ich nehme mich hier nicht aus. Als ich mit der Idee eines selbstorganisierten Teams startete, war auch ich nicht sicher, ob ich dies in meinem Konzernumfeld umsetzen kann. Das Wie war mir damals noch völlig unbekannt.

Geholfen hat mir meine starke Vision von einer Arbeitswelt der Zukunft, in der Passion und Freude wieder Platz haben. Eine Arbeitswelt, in der wir vertrauen und gemeinsam kreativ und innovativ arbeiten. In unserem Unternehmen, für unsere Unternehmen und für unsere eigene Zukunft.

Wenn ich vom Weg meines Teams und mir in die Selbstorganisation spreche, meine ich nichts Absolutes. Der Weg hatte und hat noch Schattierungen. Schattierungen, die den Grad an Selbstorganisation und eigenverantwortlichem Arbeiten darstellen. Nicht jede Aufgabe ist geeignet, sie selbstorganisiert ins Team zu geben. Hier nenne ich gern das Notfallmanagement. Änderungen kommen mit dem Zuwachs oder dem Weggang von Teammitgliedern. Somit meint der Weg in die Selbstorganisation ein stets flexibel anpassbares Team – ein Team, das sich am Ende selbst neu organisierte, Aufgaben an neue Kollegen gab, diese selbstständig einlernte, Projekte übergab und gemeinsam Freude an der Arbeit und den Herausforderungen hatte. Wenn wir neue Mit-arbeiter betrachten, ist es ganz klar, dass anfangs Hilfestellung, Ein-arbeitung und Anweisung notwendig sind. Jedoch arbeitet das Innovational-Leadership-Konzept so, dass Hilfestellung, Einarbeitung oder gar Anweisung zu einem eigenverantwortlichen Arbeitsstil führen. Hierfür sind Klarheit der Aufgaben, die Einschätzung der eigenen Fähigkeiten und Schulungsbedarfe notwendig. Auch hier sind die neuen Mitarbeiter gleich dabei, sich zu äußern und mitzuteilen. Besonders anfangs war es besonders wichtig, den Bereich der Eigenverantwortung Stück für Stück zu steigern, ohne jemanden zu überfordern. Lassen Sie uns dies an einem Beispiel näher ansehen.

Der Weg zum Experten – Das Potenzialträgerprogramm

In meinem Bereich arbeiteten nur Experten oder solche Menschen, die es werden wollten. Hierfür hatte ich ein Potenzialträgerprogramm ein-geführt, um besonders jungen Menschen die Türen zu öffnen. Sie erkennen sicherlich bereits, dass dies auch dazu diente, dem Fachkräfte-mangel vorzubeugen. Auch ich hatte Menschen, die mich gefördert und gefordert hatten. Das war der Weg, diese wertvolle Chance an andere weiterzugeben, das Potenzial in Menschen zu sehen und ihnen eine Chance und die benötigte Unterstützung zu geben.

Ich berichte Ihnen von einem passionierten und engagierten Potenzial-träger und seiner stückweisen Übernahme von mehr und mehr Ver-antwortung. Stefan hatte einen sehr gesuchten Studienabschluss und war bereits Teil unseres Teams. Mir war schon länger aufgefallen, dass er unter seinen Möglichkeiten eingesetzt war und noch viel mehr in ihm steckte. Den Status des Experten hatte er noch nicht erlangt. Dafür war eine Prüfung zu absolvieren mit vorangehenden Seminaren und Praktika. Um es kurz zu machen, wir gingen es an. Stefan bekam von mir die Unterstützung, um sich zum Experten mit dem dann entsprechenden Gehalt aufzumachen. Ein Jahr später hatte er sein Ziel erreicht. Er war nun Experte wie alle anderen. Dies gab ihm nochmals Motivation und eine andere Art der Zugehörigkeit und Gleichwertigkeit. Jetzt sind wir am Punkt der gesunden Vergabe von Aufgaben und Projekten oder bei der anfänglichen Überforderung. Stefan kennt sich überaus gut und konnte sagen, welche Projekte für ihn spannend und machbar wären. Dass es noch keine Großprojekte waren, die er allein betreut, sollte klar sein. Wieder ein Jahr später war sein Fokus auf die Übernahme eines Großprojekts gerichtet. Und das ganz von allein.

Menschen, die die Möglichkeit und Unterstützung bekommen zu wachsen, werden sie zu 99 Prozent nutzen. Diese Entwicklung zeigt einen Mann, der Potenzial hat, der Durchhaltevermögen und Engagement besitzt. Dies ist eine beispielhafte Entwicklung einer Nachwuchskraft hin zu einem selbstbewussten und kompetenten Experten. Schon im Prozess hin zum Experten für Großprojekte übte sich Stefan in eigenverantwortlichem Handeln und Kommunizieren. Denn eigenverantwortlich zu arbeiten, heißt nicht nur selbstständig Aufgaben abzuarbeiten, sondern auch gut für sich selbst zu sorgen. Gut für sich selbst zu sorgen im Sinn von zu wissen, was man kann oder noch nicht kann, zu wissen, wann die Arbeit zu viel wird, zu wissen und mitzuteilen, was ich brauche, um zum Ziel zu kommen.

Als ich meinen Bereich übernahm, hatte ich ein rein hierarchisch geführtes Team in einer hierarchischen Konzernstruktur. Ich hatte wenig Personal und so einiges Liegengebliebenes aufzuräumen. So bin ich gestartet mit der Vision von einem selbstorganisierten Team.

Die Frage, ob man einfach so ein selbstorganisiertes Team in einem Konzern etablieren kann, ist berechtigt. Einfach so geht es natürlich nicht. Und ja es ist möglich. Dies werden Sie an meinem Beispiel sehen [2].

Vielleicht ist es für Sie erleichternd zu lesen, dass der Entwicklungsprozess zu einem selbstorganisierten Team ein wirklicher Prozess ist, der Zeit benötigt. Das Tempo und der Grad an Selbstorganisation werden stets von Ihnen und Ihrem Team bestimmt. Von einer rein hierarchischen Form kann es einige Monate bis sogar Jahre dauern, um eine nachhaltige Transformation umzusetzen. Hierbei kommt es nicht auf die Schnelligkeit an, sondern auf die Nachhaltigkeit. Mit Nachhaltigkeit meine ich, dass, wenn Sie als Führungskraft nicht mehr da sind, die Strukturen weiterhin Bestand haben, als sinnvoll und gewinnbringend angesehen werden und Ihre Mitarbeiter keinesfalls in die vorherige rein hierarchisch geführte Struktur zurück wollen. So war es jedenfalls bei mir.

Warum benötigt der Prozess so viel Zeit? Denken Sie an eine Situation, in der Sie versucht haben, eine Gewohnheit aufzugeben. Das abendliche Naschen vor dem Fernseher, das Kaffeetrinken, das Weglassen von Zucker? Erinnern Sie sich, wie schwer es war? Haben Sie es geschafft? In den meisten Fällen wird die Antwort wohl Nein sein. Das ist ok und völlig in Ordnung. Wir Menschen tun uns einfach schwer mit Veränderung. Leichter wird das Ganze, wenn Sie einen adäquaten Ersatz oder gar eine bessere Möglichkeit finden. Bei unseren Beispielen könnte das der Umstieg von normalem auf Lupinenkaffee oder die Verwendung von Erythrit statt Zucker sein. Auf den Führungsstil bezogen ist es die Selbstorganisation, die mit all ihren Vorteilen den Platz der Hierarchie oder einen großen Anteil davon ersetzt.

Für jeden Menschen ist es ein individueller Prozess, der durchlaufen wird. Jeder benötigt mehr oder weniger Zeit und Unterstützung. So individuell wie Ihr Team ist, ist auch die Zeit, die jeder einzelne für die Transformation braucht. Sie transformieren nicht auf einmal ein gesamtes Team, sondern Sie helfen jedem einzelnen Mitarbeiter auf den Weg. Das klingt aufwendig? Nur zum Teil. Sie starten natürlich mit den Mitarbeitern, die pro Selbstorganisation sind. Sie schaffen positive Erlebnisse und lassen daran das ganze Team teilhaben. So bekommen Sie die Misstrauischen oder gar Neutralen ins Boot. Einige, die kontra Selbstorganisation, also Ihre Negativelemente im Team sind, werden so in Richtung Neutralität kommen und das mit der Selbstorganisation einfach mal ausprobieren. In jedem Team werden Sie jemanden haben, der dagegen ist. Das ist ganz normal und gesund fürs Team. Genau diese Menschen weisen Sie auf noch bestehende Defizite hin. Fragen Sie hier genau nach, was die Befürchtungen und Ängste sind. Was benötigt die Person, um mitmachen zu können? Bedarf es einer speziellen Sicherheit? Natürlich kann auch Unlust am eigenverantwortlichen Arbeiten der Grund sein. Wenn ein Mensch Eigenverantwortlichkeit ablehnt, ist ein selbstorganisiertes Team wohl der falsche Arbeitsort. Es kann Ihnen somit passieren, dass Teammitglieder, für die Selbstorganisation so gar nichts ist, Ihr Team verlassen. Auch das ist der Prozess. Sie werden andere Mitarbeiter anziehen, die genau so arbeiten wollen. Somit wird Ihre Transformation einige Monate dauern. Den Nutzen der Transformation können Sie jedoch sofort spüren. Da ein Team sich über die Jahre mehr oder weniger verändert, werden Sie ein Stück weit immer eine Transformation haben, nur nicht in dieser Größenordnung wie am Anfang [2]. Der Wandel eines Teams vollzieht sich auf verschiedenen Ebenen:

• Die Teamstärke verändert sich.
• Der Verantwortungsbereich jedes Einzelnen erweitert sich.
• Eine aktive Weiterbildungsförderung bringt Fachexperten hervor.
• Es wird stärkenorientiert gearbeitet und geschult.
• Die Werte eines Teams verändern sich z. B. von Im-Wettbewerb-sein zu gegenseitiger Unterstützung.
• Die Zusammenarbeit im Team verändert sich durch den Wertewandel immens.

Damit es für Sie und Ihr Team eine Richtschnur oder einen Kompass in den fremden Gewässern gibt, finden Sie mit Ihrem Team gemeinsame Werte. Werte, mit denen Ihr Team zukünftig gehen wird. Werte oder auch übergeordnete Prinzipien dienten mir und dem Team als Richtschnur. In einem Workshop zu Beginn meiner Tätigkeit als Führungskraft haben wir uns diese zusammen angesehen. Jeder konnte Werte einbringen, die ihm wichtig waren.

Werte wie gegenseitige Unterstützung, Qualität, Sicherheit, Teamwork, Verlässlichkeit und Integrität unterstützen ein selbstorganisiertes Team und nicht nur ein selbstorganisiertes. Andere Werte wie Konkurrenz, Wettbewerb, Gewinnen, Manipulation stärken das Team hingegen nicht. Ich glaube, dass muss ich hier nicht weiter erläutern. Erklären Sie Ihrem Team den Zusammenhang bei der gemeinsamen Auswahl der Werte oder Prinzipien, mit denen Ihr Team gehen wird. Diese müssen zum Startzeitpunkt noch nicht erfüllt sein. Ein anderes Denken führt zu einer anderen Art von Kommunikation und anderen Handlungen. Die Ausrichtung Ihres Teams sollte auf die neuen Werte ausgerichtet sein. Sollte jemand mal nicht danach handeln, weisen Sie ihn wertschätzend darauf hin. Fragen Sie, wie Sie und das Team unterstützen können. Fragen Sie, warum die Person so gehandelt hat. Vielleicht befand Sie sich in einer inneren Notsituation. Diese Erlebnisse lassen Sie und Ihr Team wachsen. Mit mehr zusammen überstandenen und gelösten Krisen entstehen auch automatisch mehr Vertrauen und Zusammengehörigkeit.

Zusammengehörigkeit ist ein weiterer wichtiger Faktor. Um all die selbstständig arbeitenden und eigenverantwortlichen Menschen zusammenzuhalten, bedarf es eines Gemeinschaftsgefühls. Das ist zu Beginn ihre Aufgabe als Führungskraft, besonders wenn sie hybrid oder gar nur remote führen. Starten Sie erste gemeinschaftliche Aktivitäten in Präsenz. Etablieren Sie ein Teamfrühstück, am besten vom Arbeitgeber finanziert. Dies drückt eine weitere Wertschätzung für die gute geleistete Arbeit aus. Mehr und mehr werden sich die Mitarbeiter beteiligen. Bis Sie schließlich gefragt werden, wann denn mal wieder so ein Frühstück stattfindet. Dann ist es Zeit, die etablierte Teammaßnahme ans Team zu übergeben. Weitere Ideen sind kurze Online-Meetings für Ihre verschiedenen Standorte oder Fachteams. Halten Sie diese kurz und informativ. So kommen immer wieder unterschiedliche Mitarbeiter zusammen und erfahren etwas über die Projekte der anderen. Zusätzliche kleine Symbole wie Teamkaffeetassen oder T-Shirts, Caps oder ähnliches leisten zudem einen guten Dienst.

All das und mehr trägt zu einem guten Teamklima bei, einem Klima, in dem Menschen gern arbeiten. Hier kommen wir wieder zurück auf den Gedanken der sozialen Nachhaltigkeit.

Wenn Sie so führen und Ihre Mitarbeiter über Ihr Team in ihrem Netzwerk berichten, werden Sie wie ich keine Schwierigkeiten mehr haben, neue Mitarbeiter zu finden, denn diese kommen über Empfehlung und Initiativbewerbungen zu Ihnen.

Von meinen Führungskräftekollegen wurde ich oft gefragt, wo ich die hochqualifizierten Menschen finde. Jetzt wissen Sie es. Über das Netzwerk meiner Mitarbeiter und ihr gutes Feedback über unser Team. Das ist es, was Menschen anzieht und hält. Sie kennen bestimmt den Spruch, dass Mitarbeiter nicht das Unternehmen verlassen, sondern den Chef. So ähnlich verhält es sich hier.

Nun kommen wir zu den ganz praktischen Dingen, wie Sie selbst Ihr selbstorganisiertes oder auch agiles Team in einem Konzern aufbauen können [5].

Der Weg in die Selbstorganisation

- Organisatorisch bleiben Ihre Pflichten als Führungskraft bei Ihnen. Somit benötigen Sie zu diesem Zeitpunkt keine Organisationsänderung.
- Geben Sie Aufgaben aus Ihrem Verantwortungsbereich an Mitarbeiter weiter, ganz in Ihrem Ermessensspielraum und nach Sinnhaftigkeit. Sie bieten die Aufgaben an und sehen, ob ein Mitarbeiter sich dieser Verantwortung annimmt oder nicht.
- Gehen Sie in einem stressfreien Tempo für Sie als Führungskraft und für Ihr Team vor.
- Werden Sie sich über die Stärken und Schwächen Ihrer Mitarbeiter klar. Sprechen Sie im nächsten Gespräch mit Ihren Mitarbeitern deren Stärken an. Nutzen Sie diese als Hinweise hinsichtlich einer möglichen Aufgabenverteilung.
- Schaffen Sie Möglichkeiten, das neue Aufgaben übernommen werden können. Entlasten Sie Ihre Mitarbeiter an einer anderen Stelle, z. B. durch eine Aufgabenrotation.
- Sprechen Sie aktiv Personen an, ob Sie die Verantwortung, wie z. B. für die Urlaubsplanung oder die Leitung einer Teambesprechung, übernehmen wollen.
- Akzeptieren Sie ein Nein als legitime Antwort. Versuchen Sie nicht erneut, die Aufgabe an diese Person zu delegieren. Bedanken Sie sich für die Offenheit und Ehrlichkeit. Lassen Sie lieber die Tür offen und bieten an, dass, wenn eine interessante Aufgabe auftauchen sollte, die Person gern auf Sie zukommen kann. So schaffen Sie Entlastung, Respekt und Raum für eigene Entscheidungen.
- Zeigen Sie den Nutzen der Selbstorganisation für Ihren Bereich auf, die Möglichkeiten, sich aktiv einzubringen, mitzugestalten und mehr Freiheit und Flexibilität zu gewinnen.
- Geben Sie die Möglichkeit, Aufgaben an Sie oder einen anderen Mitarbeiter zurückzugeben.
- Gehen Sie mit Leichtigkeit und Wertschätzung an die Sache heran. Drücken Sie ihre Freude darüber aus, dass jemand eine Aufgabe übernimmt oder übernommen hat. Weisen Sie auf die Erfolge hin. Ahnden Sie keine Fehler. Fragen Sie lieber, was die Person braucht, um ein anderes Ergebnis zu erzielen. Dieser Weg beinhaltet kein Bestrafungskonzept.
- Denn Druck, Angst und Zwang bewirken genau das Gegenteil und führen weg von einer selbstorganisierten Arbeitsweise [2].

Der Weg war nicht leicht, denn ich hatte zu dieser Zeit kein Beispiel, an dem ich mich orientieren konnte. Der Weg, den ich hier beschreibe, ist die Essenz aus über fünf Jahren der Zusammenarbeit mit meinem und anderen Teams, der Teilnahme an Seminaren und Workshops, die ausnahmslos sehr theoretisch waren. Die Umsetzung in die Praxis war sehr schwierig. Ich fragte mich zu diesem Zeitpunkt, woran es lag. Lag es an mir und meiner Motivation oder doch an den Inhalten, die dort vermittelt wurden? Über die Zeit hinweg wurde der Grund für mich sichtbar. Die Menschen, die die Seminare geben, kannten das, was sie vermittelten, größtenteils nur aus der Theorie. Es wurde vermittelt, dass es nur so funktionieren könnte, wie von den Dozenten vorgestellt. Auch das ist falsch. Was fehlte waren die Schattierungen, die Befähigung der Teilnehmer, die Inhalte so anzupassen, dass es für ihren Kontext funktioniert. Ich könnte auch sagen, dass die Inhalte so unflexibel waren, dass man sie gar nicht anpassen konnte. Oder nur mit großer Mühe. Das Innovational-Leadership-Konzept soll ihnen genau das ermöglichen. Es ist kein Buch, das aus Denkkonstrukten entstanden ist. Es ist ein Buch aus der Praxis. Ein Hands-on-Buch. Nehmen Sie das heraus, was für Sie stimmig ist und Sie in Ihrer aktuellen Situation weiterbringt. Es geht nicht um Perfektion. Es geht darum, dass Sie erste kleine Schritte machen und diese konstant. Freuen Sie sich an Ihren kleinen Erfolgen und schauen Sie wie ich nach einigen Jahren zurück und erkennen die große Transformation, die stattgefunden hat. Ganz natürlich, ohne Druck, ohne große Dramen, ohne große Widerstände. Bei kleinen Schritten können Ihnen Ihre Mitarbeiter folgen. Sollten Sie von heute auf morgen selbstorganisiert oder agil arbeiten wollen, dann bleiben Sie als Führungskraft auf der Strecke. Denn nur wenige oder gar niemand werden Ihnen folgen. Leben Sie selbst das vor, was Sie von Ihren Mitarbeitern erwarten. Beobachten Sie, wie schnell Sie selbst die Dinge umsetzen und in Ihren Arbeitsalltag integrieren können. Denn eins ist sicher: Sie als Führungskraft müssen zuerst den Prozess durchlaufen, um andere mitnehmen zu können. Sie sind der Fels, der Baum, an dem sich Ihre Mitarbeiter orientieren. Um diese Orientierung und Sicherheit bieten zu können, müssen Sie innere Stärke besitzen. Zu dieser kommen Sie, wenn Sie die Transformation für sich, von Ihrem Mindset, Ihren Emotionen und Ihrer Sinnhaftigkeit bereits selbst durchlaufen haben. Das heißt, ändern Sie erst Ihr Verhalten, Ihre Arbeitsgewohnheiten und Zusammenarbeit, bevor Sie dies mit Ihrem Team umsetzen. Das ist authentisch, nachhaltig und im Sinn eines Leaders. Einem Leader folgen die Menschen freiwillig, denn sie erkennen, dass er sie mitnehmen will und in ihrem Sinn handelt. Jeder einzelne zählt [2].

4.6   Interview mit der DB Akademie – eine agile Organisation der Deutschen Bahn

Dieses Beispiel zeigt eine weitere gelungene Transformation zu einer agilen Organisation innerhalb eines Konzerns.

Das agile Team der DB Akademie bietet den Führungskräften im DB Konzern spannende Angebote für ihre individuelle Lernreise, passend zu ihrer Rolle und Entwicklung. Am Ende der Reise steht eine berufliche und persönliche Qualifizierung für eine nachhaltige Wirkung in ihrem Führungsalltag. Einfaches, transparentes und maximal flexibles Lernen sind die Prämissen in der Entwicklung der Lernangebote der DB Akademie. Für das Interview standen **Markus Wolfgram** und **Magdalena Ebering** zur Verfügung. Beide sind langjährige Teammitglieder in der agilen Organisation der DB Akademie [3].

Interview mit Markus Wolfgram und Magdalena Ebering

Was waren die ausschlaggebenden Entscheidungskriterien der DB Akademie, um auf ein agiles Organisationskonzept umzustellen?
Unsere Motivation, die Reise in Richtung zu agilem und selbstorganisiertem Arbeiten anzutreten, kommt zum einen aus der Erkenntnis, dass sich unser Geschäft stark verändert: Die Digitalisierung verändert nicht nur Formate und Lerngewohnheiten, sondern wird auch die Geschäftsmodelle komplett verändern. Für uns heißt das, dass wir unser Angebot kontinuierlich an die Nachfragen anpassen müssen und gleichzeitig mit wachem Auge die Entwicklungen am Markt beobachten und antizipieren, um rechtzeitig neue Lernimpulse entwickeln zu können.

Wir als DB Akademie haben uns 2017 die Frage gestellt, wie wir zukünftig schneller auf das Marktumfeld und die Kund:innenbedürfnisse reagieren können. Dabei spielte zum einen der Wunsch der Mitarbeiter:innen eine Rolle, die bereits integrierten agilen Arbeitsformen auszubauen. Zum anderen gaben auch das veränderte Marktumfeld und eine stärkere Fokussierung auf die Konzernprojekte „Zukunft Bahn" und „Wir bilden Zukunft" den Ausschlag, interne Prozesse, Verantwortungen und die interne Struktur zu überprüfen und anzupassen. So sollte die immer schneller und dynamischer werdende Themenpriorisierung gewährleistet und die Schnittstellen zu den Kund:innen innerhalb der Teams reduziert sowie administrative Prozesse automatisiert werden.

Dass bei dieser Dynamik Führung nicht zum Flaschenhals werden darf, war ein weiterer Antreiber bei der Frage, wie wir uns als DB Akademie künftig aufstellen sollen und zusammenarbeiten wollen. Dabei ging es unter anderem darum, stärker die Expertise des Teams zu nutzen, um flexibel, schnell und kundenzentriert handeln zu können.

Im Fokus stand dabei vor allem die höhere Ausrichtung an den Bedürfnissen unserer Kund:innen. Unsere Transformation sollte vor allem für die Führungskräfte des Konzerns ein Vorteil sein! All diese Aspekte brachten uns letztendlich zu der Entscheidung, eine Umstellung der klassisch hierarchischen Struktur hin zu einer agilen Organisation vorzunehmen.

In welcher Weise hat sich eure Zusammenarbeit und soziale Interaktion verändert? Wie sieht es mit der Fluktuation der Mitarbeiter aus? Seht ihr hier einen Zusammenhang?
Ich erlebe eine größere Offenheit und stärkere Einbindung aller im Team als es vor dem Beginn unserer Reise der Fall war. Die Spielräume, die die einzelnen Rollen bieten, werden genutzt und ermöglichen es jeder/m einzelnen, zum Erfolg der Akademie beizutragen.

Welche Herausforderungen gab es? Und in welcher Weise habt ihr sie gemeistert?
Eine der ersten größeren Herausforderungen auf unserer Reise war die Frage, was sinnvollerweise der erste Schritt sei: Ändern wir zuerst die Struktur oder fangen wir an, unsere Arbeitsweise weiterzuentwickeln?

Bei dieser ersten Herausforderung ist es nicht geblieben. Im Gegenteil: Herausforderungen, die uns als Team Akademie betreffen, werden

offener gehandelt und diskutiert als vorher. Diese Transparenz macht
es möglich, die Intelligenz des Schwarms zu nutzen und nicht nur auf
die Erfahrungen einzelner zu setzen. Klare Verantwortlichkeiten und
Prozesse halten uns dabei dennoch handlungs- und entscheidungsfähig.

*Braucht es einen speziellen Typ von Mitarbeiter, um eine agile Organisation
umzusetzen?*
Eine Transformation, die die Zusammenarbeit so grundsätzlich hinterfragt, wie wir es gemacht haben, setzt auf Mitwirkende, die bereit sind,
Verantwortung zu übernehmen und mit zu gestalten. Das müssen und
können nie alle sein, aber ohne dieses geht es nicht. Mut, neue Wege zu
gehen und nicht zu wissen, ob die Entscheidung von gestern die richtige
war, gehört mit dazu. Eine Kultur im konstruktiven Umgang mit Fehlern
und Unsicherheit erleichtert den Weg und kann dabei auch gelernt werden.

*Wie nehme ich bei der Transformation alle Mitarbeiter mit? Funktioniert
das überhaupt?*
Anspruch ist es sicherlich, alle im Team auf die Reise in Richtung Agilität und Selbstorganisation mitzunehmen, doch nicht jede:r fühlt sich tatsächlich wohler in einem Kontext, in dem Spannungen offen ausgetragen
und in dem Ambiguitätstoleranz gefragt ist. Gerade Kolleg:innen, die
es gewohnt waren, einzelnen Führungskräften zuzuarbeiten, hatten
Schwierigkeiten, sich in einer multipolaren Welt zurechtzufinden.

Unser Weg in die Zukunft ist davon geprägt, ein Muster des
Gelingens zu entwerfen. Damit meinen wir, dass wir nicht nach
Optimierung suchen, sondern versuchen, sie zu finden. Veränderung soll
nicht um der Veränderung willen herbeigeführt werden, sondern dann,
wenn Arbeitsprozesse oder Rollen Optimierungsbedarf haben – dann
hat die Transformation erst einen Sinn. Die Learnings helfen uns dabei,
diese Bedarfe ausfindig zu machen und entsprechende Maßnahmen zu
ergreifen. Sollten wir dennoch von Zeit zu Zeit an ein Hindernis stoßen,
dass wir mit den Learnings nicht selbstständig überwinden können,
holen wir uns punktuell externe Hilfe – Bewusstes unternehmen ist
dabei unser:e Ansprechpartner:in.

Außerdem können wir ziemlich gut schwarz-weiß denken. Mit Grautönen haben wir aber Probleme. Diese müssen wir bei unserer Transformationsreise deutlich mehr ausleuchten. Dann ist der Weg in die Zukunft erfolgreich. Man muss sich immer vor Augen führen, dass man sich bei dem Prozess gern von anderen Organisationen inspirieren lassen kann, die Methodik jedoch nie 1:1 übernehmen sollte. Die Methode sollte stets individuell betrachtet und auf das Umfeld und die Menschen ausgerichtet werden. Man muss immer die Nuancen finden, die zu der eigenen Organisation passen.

Auch die Zusammenarbeit ist so zu betrachten. Der Wegfall der klassischen Hierarchie erfordert eine neue, ausdifferenzierte Form der Zusammenarbeit. Augenhöhe entsteht dabei dort, wo Menschen in Verbindung gehen und sich keine:r wichtiger nimmt als der oder die andere. Dabei ist es wichtig, Macht in den Hintergrund zu rücken und sich auf die Menschen und die Expertise zu fokussieren. Augenhöhe ist ein Prozess, der sich nicht anweisen lässt und an dem stetig gearbeitet wird. Unsere Struktur und die Learnings helfen uns, dass wir unsere Begegnung auf Augenhöhe stets weiterentwickeln!

Wir wissen nicht genau, wie wir uns in nächster Zeit entwickeln werden, aber diese Unsicherheit macht uns keine Angst, denn wir sind selbst Teil der Reise, wirken mit und können uns einbringen.

Welche Spannungsfelder sind während eurer Transformation entstanden? Wie seid ihr damit umgegangen? Habt ihr ein Best-Practice-Beispiel?
Nicht alle Vorstellungen von einem agilen und selbstorganisierten Arbeiten lassen sich 1:1 in einem Konzernumfeld abbilden, bei dem viele Stakeholder einzubinden sind. Dennoch ist es uns gelungen, eine agile Insel in einem traditionell organisierten Konzern zu schaffen.

Im Team zeigt sich, dass die Bereitschaft zur Arbeit am System und dessen Weiterentwicklung unterschiedlich ausgeprägt ist. Es ist uns dennoch gelungen, eine Routine zur kontinuierlichen Weiterentwicklung der Strukturen und Prozesse in der DB Akademie zu entwickeln, die von einem breiten Kreis im Team getragen und gestaltet wird.

Die DB Akademie ist seit fast vier Jahren agil. Die größte Hürde stellte für uns die Veränderung des Mindsets dar: Wir mussten uns daran gewöhnen, dass wir nie fertig sein werden! Man benötigt eine Offenheit für stetige Veränderungen. Wichtig dabei ist, dass neue Anregungen, Austausch und Initiative der Mitarbeiter:innen gefördert werden.

Als Tipp können wir anderen Geschäftsbereichen empfehlen, an die Transformation möglichst ergebnissoffen heranzugehen. Wenn man bereits ein bestimmtes Modell im Kopf hat, können andere, passendere Modelle ausgeschlossen werden. Sinnvoll ist es, eine Struktur zu finden, die zu den Zielen und Aufgaben des Geschäftsbereichs passt – externe Unterstützung kann dabei helfen!

Die DB Akademie hat sich als agile Organisation aufgestellt und beweist damit, dass es möglich ist, eine agile Organisation auch in einem Unternehmen zu etablieren, das von sehr vielen festen Regeln, Hierarchien und Formalien geprägt ist. Was man für die Umstellung braucht, sind Begeisterung, Offenheit und ein Team, das mitzieht!

Wie sah der Transformationsprozess in der Praxis genau aus?
Zu Beginn wurden die Projektmitglieder vom Team gewählt. Das Projektteam bestand aus gewählten Vertreter:innen der bestehenden Organisationseinheiten bzw. Arbeitsgebiete ergänzt um Vertreter:innen der Bereiche Personal und Konzernorganisation.

Die *Next-Level-Academy*-Mitglieder haben anschließend den Weg einer Teamentwicklung selbst durchlebt. So wurden zunächst viele Dinge ergebnissoffen erprobt: Ein Purpose für Kund:innen und Team wurde vorgedacht und verschiedene, externe wie interne agile Organisationsformen wurden durchdrungen. Wir stellten fest: Einen Blueprint gibt es nicht und wir gehen unseren eigenen Weg! Damit einher ging die Definition von Zielen und Rahmenbedingungen, die sich im Ergebnis widerspiegeln:

In vier Monaten haben wir ein Transformationskonzept entwickelt, unsere Verfassung geschrieben und über sogenannte Sprechstunden der agilen Organisation alle Stakeholder mitgenommen. Mit viel Engagement und Vertrauen entstand eine neue Organisation, in der disziplinarische und fachliche Führung getrennt sind, kleine agile Teams die gesamte Wertschöpfungskette für den/die Kund:in abbilden und neue Rollen und -inhaber:innen gewählt werden.

Ihr etabliert ein neues Portfolio „Führen in der Unsicherheit". Wie sieht hierbei eure Vorgehensweise als agile Organisation aus?
Wir achten darauf, dass die Perspektive der Führungskräfte und Stakeholder (wie Vorstand und Geschäftsfelder), die von unserem Angebot profitieren sollen, von Anfang an und immer wieder eingebunden wird. Das geschieht z. B. durch die Erstellung von Cases und Personas, an denen wir uns in allen Phasen der Portfoliogestaltung und -umsetzung orientieren.

4.7   Jeder Mensch ist anders

In den vorangehenden Abschnitten habe ich bereits von Schattierungen gesprochen. Schattierungen im Grad der Selbstorganisation oder Agilität. In diesem Abschnitt erfahren Sie, warum diese so wichtig sind. Da jeder Mensch anders ist, wird er oder sie auch einen anderen Grad an Selbstorganisation oder Agilität erreichen. Jeder Mensch bringt unterschiedliche Voraussetzung mit, Voraussetzungen hinsichtlich der Kapazität, Veränderungen anzunehmen und zu durchlaufen. Haben Sie sich schon mal die Frage gestellt, wieviel Veränderung ein Mensch verkraften kann? Hier sind wir wieder am Punkt der gesunden Herausforderung und der ungesunden Überforderung. Schon allein das Wissen darüber, dass jeder Mensch einen unterschiedlichen Grad an Selbstorganisation und somit eigenverantwortlichem Arbeiten erreichen wird, hilft ungemein. Denn da Sie dies jetzt wissen, können Sie sich frei machen von Gedanken, dass ein Teil ihrer Mitarbeiter nicht gut genug mitmacht oder Sie gar sabotieren will. Wenn Sie den einzelnen Menschen diese Individualität zugestehen, werden sich diese gesehen fühlen. Dies gibt wiederum Sicherheit und macht es leichter, Ihnen zu folgen.

Die Schattierungen können von gar keiner Fähigkeit und Kapazität zu eigenverantwortlichem und selbstorganisiertem Arbeiten bis zu hundert Prozent ausfallen. So wie die Menschen gestrickt sind. Machen Sie sich keine Sorgen, wenn sie anfangs wenige oder nur ein bis zwei Mitarbeiter haben, die über eine größere Kapazität verfügen, selbstorganisiert zu arbeiten. Starten Sie genau mit diesen Mitarbeitern. Unterstützen Sie das selbstorganisierte Arbeiten. Lassen Sie das ganze

Team an den Erfahrungen teilhaben. So wird auch der Rest neugierig und wagt erste Schritte. Der Grad an selbstorganisiertem Arbeiten wird mit der Zeit steigen. Ihre Mitarbeiter werden merken, welche Vorteile es bringt. Jeder wird in seinem Tempo vorangehen. Lassen Sie dies zu. Wenn Sie versuchen sollten, jemanden zu zwingen oder zu manipulieren, werden Sie nur das Gegenteil erreichen. An diesem Punkt lesen Sie bei Bedarf nochmals den Abschnitt zur sozialen Nachhaltigkeit. Genau darum geht es. Ihr wichtigstes Potenzial ist der Mensch – Ihre Mitarbeiter. Behandeln Sie sie gut, sonst werden Sie sie verlassen oder zu Dienst nach Pflicht übergehen. Das Innovational-Leadership-Konzept zielt darauf ab, zusammen kreativ und innovativ zu arbeiten, für das Unternehmen, die Mitarbeiter und unsere Welt einen Unterschied zu machen, der zu mehr und mehr Nachhaltigkeit führt.

Ohne auf Ihre Mitarbeiter einzugehen oder Ihrem eigenen Prozess in Sachen selbstorganisiertes Arbeiten zu vertrauen, werden Sie nicht erfolgreich sein. Der erste Anschub und die Richtungsweisung kommen von Ihnen als Führungskraft. Dann müssen Sie Verantwortung ins Team geben. Leben Sie vor, wie Sie sich die Zusammenarbeit vorstellen. Vertrauen Sie und unterstützen Sie Ihre Mitarbeiter bei der Übernahme und der ersten Ausführung der neuen Aufgaben. Fragen Sie nach, was Ihre Mitarbeiter benötigen, um noch besser arbeiten zu können. Verankern Sie eine neue Aufgabe nach der anderen im Team. Manche Teammitglieder werden nur kleinste selbstorganisierte Aufgaben übernehmen oder anfangs gar keine. Das ist ok. Das sind die Schattierungen, die sich laufend verändern werden. Wenn Sie verschiedenste Aufgaben im Team integriert haben und die Abläufe verinnerlicht wurden, ist es das neue Normal. Wenn ich zurückblicke auf mein Team, ist es genauso gewesen. Erst große Aufregung, Unsicherheit, ein wenig Hilfestellung und nach kurzer Zeit hatten Sie die Aufgabe völlig adaptiert. Sie konnten es sich nicht mehr vorstellen, wie es vorher war. Es war zum neuen Arbeitsalltag geworden. Viele Unsicherheiten verschwanden. Ich konnte sehen, wie einzelne Mitarbeiter über sich hinauswuchsen. Sie bekamen mehr Selbstbewusstsein, sie wurden zu einem Gegenüber, das Ideen, seine Erfahrungen und Meinungen einbrachte. Das ist genau, wo wir hin wollen. Mitarbeiter, die gehört und respektiert werden, sind diejenigen, die den größten Wert für das Unternehmen darstellen. Sie bringen eigene Ideen ein, arbeiten kreativ und sind entscheidend an innovativen Lösungen beteiligt.

Da jeder Mensch anders ist, haben Sie automatisch eine Diversität im Team. Oft geht diese verloren, da alle gleich behandelt werden. Gleich in dem Sinn, dass nicht auf ihre individuellen Stärken, Neigungen und Kapazitäten eingegangen wird. Dies ist auch ein Grund, warum immer mehr Menschen im Burn-out landen. Sie tun Dinge, die ihnen nicht liegen und keine Energie zurückgeben. Irgendwann sind sie ausgebrannt. Denken Sie an einen Flow-Zustand. Wenn ich in diesem bin, vergesse ich zu essen, zu trinken und zu schlafen. Doch es macht mir nichts. Ich habe danach noch Energie für mein Privatleben und bin in extrem guter Stimmung. Optimieren Sie Ihren Bereich, indem Sie darauf achten, dass jeder Mitarbeiter gemäß seinen Stärken arbeitet. Dies hat einen weiteren Vorteil: Sie sparen Zeit und Kapazitäten. Das, was jemand gern macht und sehr gut kann, nimmt weniger Stunden ein als bei einer Aufgabe, durch die man sich quält. Zu diesem Punkt kommen wir nochmals in einem späteren Abschnitt – Das Basisgeschäft sichern – zurück. Erhalten Sie die Diversität in Ihrem Team, indem Sie Menschen nach ihren Stärken und Kapazitäten einsetzen.

> Der Mensch ist die wichtigste Ressource eines Unternehmens. Er ist ein Individuum und sollte auch so gefördert werden.

Wenn Sie Menschen stärkenorientiert einsetzen, werden Sie weniger Widerstände im Team haben, Aufgaben werden freiwillig übernommen. Dies ist für ein selbstorganisiertes Team besonders wichtig. Das Wissen der Mitarbeiter, dass sie keine Aufgabe übernehmen müssen, die ihnen widerstrebt, bindet sie ans Team, ans Unternehmen und an Sie als Führungskraft. Denn das ist ein rares Gut in unserer heutigen Arbeitswelt. Auch dies fällt unter soziale Nachhaltigkeit. So binden Sie ihre Mitarbeiter auf eine soziale Art und Weise.

Matthias – Der Prozessgestalter

Matthias ist ein extrovertierter Mitarbeiter, der gern mit anderen Menschen unterwegs ist, sofort einen guten Draht aufbaut und viel zu erzählen hat. In seinem vorherigen Job ließ ihn sein Chef Prozesse überarbeiten. Ein Albtraum für Matthias. Er dachte, bei der Projektleitung ginge es geselliger und interaktiver zu. Dass er nun einen solchen Spezialjob bekam, hatte er nicht vermutet. Sein Chef meinte, er hätte doch so viel Fachkompetenz und Erfahrung. Er sei genau der Richtig für den Job. Matthias versuchte sein Bestes. Er merkte nach kurzer Zeit, dass es absolut nichts für ihn war, Prozesse durchzuarbeiten. Er wollte lieber mit Menschen direkt an Projekten arbeiten. Als er seinen Chef darauf ansprach, bekam er nur den Kommentar, er solle sich nicht so anstellen, schließlich würde er dafür bezahlt werden. Kurze Zeit später lag Matthias Bewerbung auf meinem Schreibtisch.

Sven – Der geborene Darsteller

Sven ist einer der wenigen Menschen, denen ich in meinem Arbeitsleben vollkommen vertraut habe. Er gibt stets sein Bestes und ist ein sehr ethischer und sozialer Mensch. Eines Tages kam er in mein Büro und wir redeten über den neuen Change-Prozess des Konzerns. Der Vorstand hatte eine Rede gehalten, die ich leider nicht gesehen hatte. Sven war davon sehr bewegt gewesen. Nicht unbedingt im Positivem. Im nächsten Moment dreht er sich um und imitierte den Vorstand. Eine bühnenreife Einlage, die ich so nie von ihm erwartet hatte. Er war so in seinem Element, dass er nicht darüber nachdachte, was ich darüber denken könnte. Das sind die Momente, in denen sich ein Mensch wirklich zeigt. So ist, wie er ist. Genau dann können Sie seine Stärken und sein Potenzial erkennen. In Svens Fall einen Mann, der etwas zu sagen hat, seine eigene Meinung hat und diese vertritt. Der eine Botschaft überbringen kann und das authentisch. Sven stand gern auf der Bühne. Im übertragenen Sinn als Trainer und Dozent bei unseren Workshops und Onlinekursen. Er hatte sich vorher eine eher bürokratische Aufgabe im Team gesucht. Nachdem ich ihn darauf angesprochen hatte, strahlte er und übernahm gern die Schulungen. Natürlich gab er eine andere Aufgabe ab, die ihm unliebsam war. Wenn Sie das Potenzial in einem Menschen so klar sehen können: Sprechen Sie es an, fördern Sie die Person und räumen Sie etwaige Hindernisse im Sinn von Aufgaben aus dem Weg.

Verteilen Sie Aufgaben stärkenorientiert und Sie werden nie wieder Aufgaben haben, die niemand übernehmen will. Achten Sie bei Neueinstellungen auf besondere Fähigkeiten, die ihr Team unterstützen und ergänzen können. Bei den Bewerbungsgesprächen, die ich geführt habe, hatte ich entweder ein sehr genaues Bild von dem, was der potenzielle neue Mitarbeiter zum Team beitragen kann oder nicht. Das machte es mir leicht, über die Einstellung zu entscheiden. In den Gesprächen und Kandidaten, in denen ich Potenzial sah, sprach ich meine Gedanken gleich an. Ich teilte ihnen mit, was ich für Stärken sehe, wo ich denke, dass sie diese einbringen könnten, und fragte, ob sie sich damit identifizieren könnten. Die Reaktion war zu 99 Prozent positiv und mit Verwunderung verbunden, woher ich dies wüsste. Das wäre genau das, was sie insgeheim gern machen wollten. Sie hätten nicht gedacht, dass dies möglich sei. Seien Sie als Führungskraft der Möglichkeitenmacher. Verteilen Sie Chancen, Möglichkeiten und Freude an der Arbeit. Dies ist die beste Mitarbeiterbindung, die Sie machen können. Dabei haben Sie die Geschichten, die über Sie und Ihr Team erzählt werden, noch nicht berücksichtigt. Dies ist das Geheimnis der Initiativbewerbungen. Durch die Geschichten über die Möglichkeiten und Chancen die Mitarbeiter bekommen und ergriffen haben, bekommen Sie die beste Werbung für Ihren Bereich. Wer sollte dort nicht arbeiten wollen?

Etwas anderes ist möglich – heute!

Erhalten Sie die Diversität im Team. Fördern Sie diese bewusst. Seien Sie ein Möglichkeitenmacher. Verteilen Sie Chancen und neue Perspektiven. So werden Sie ein stabiles, gesundes und loyales Team aufbauen.

4.8 Nutzen für Unternehmen, Führungskräfte und Mitarbeiter

4.8.1 Nutzen für Unternehmen und Führungskräfte

Unternehmer sowie Führungskräfte profitieren bei der Umstellung auf Selbstorganisation. Denn sie entwickeln motivierte und eigenverantwortlich arbeitende Menschen. Da dies in unserer heutigen

Arbeitswelt noch nicht weit verbreitet ist, werden es Ihre Mitarbeiter zu schätzen wissen. Wenn Menschen gemäß ihren Stärken arbeiten, laufen sie zur Höchstform auf. Dies bildet die Basis, um kreativ und innovativ zu arbeiten. Wenn Sie Ihre Mitarbeiter zudem fördern und in Ihrer eigenverantwortlichen Arbeitsweise bestärken, werden diese Ideen einbringen und selbstständig umsetzen. Dies ist eine Innovierung aus dem Unternehmen heraus. Sie müssen keine neuen Mitarbeiter einstellen, um Innovation zu schaffen. Die Innovation kommt von den Mitarbeitern, die Erfahrung haben, das Fachwissen besitzen und Ihr Unternehmen kennen. Das, was Sie mithilfe des Innovational-Leadership-Konzepts erwecken, ist das ungenutzte Potenzial ihrer jetzigen Mitarbeiter. Wenn diese Freude an ihrer Arbeit haben, sind sie motiviert und mit ihrem Unternehmen identifiziert. Diesen Wert können wir nicht genug schätzen. Die Mitarbeiterbindung, die Identifikation mit dem Unternehmen und der dadurch geleistete Einsatz sind weder beziffer- noch bezahlbar. Wenn Sie langfristig und nachhaltig am Markt bestehen wollen, benötigen Sie ein stabiles, loyales und motiviertes Team. Dies bekommen Sie mithilfe des Innovational-Leadership-Konzepts und der Umstellung auf eine selbstorganisierte und eigenverantwortliche Arbeitsweise. Besonders in Krisenzeiten und Zeiten des schnellen Wandels sind solche Teams Gold wert. Ein selbstorganisiertes Team ist es gewohnt, sich ab und an neu auszurichten und Aufgaben zu rotieren oder anders zu verteilen. Es entsteht kein Gerangel um scheinbar wichtigere Aufgaben. Das Team reguliert sich zum größten Teil selbst. Die Angst vor Veränderungen ist gering, da sie als alltägliche Situation eingeübt wurde. Sollte jemand ausfallen oder wegfallen, ist die Resilienz dieser Teams größer, denn sie wissen, wie sie Aufgaben umverteilen. Somit ist Ihr Team weniger anfällig für Krisen und bleibt länger handlungsfähig.

Monetär betrachtet arbeiten Teams effektiver, die stärkenorientiert und selbstorganisiert sind. Sie sparen Zeit und Geld ein. Durch die Freude an der Arbeit haben sie weniger innere Kündigungen, somit mehr Leistungsfähigkeit. Zudem sinken die Krankheitstage oder Scheinbeschäftigungen.

Kombinieren wir den Effekt der Digitalisierung und der Selbst-organisation, haben wir ein weiteres großes Einsparpotenzial. Virtuelle Meetings lassen z. B. Anfahrtszeiten, Fahrt- und Übernachtungskosten wegfallen. Sehen wir uns dieses Beispiel genauer an [4].

Einsparungen über 60 % durch virtuelle Meetings

Früher waren virtuelle Besprechung verpönt. Ich hörte als Antwort: „Das funktioniert doch alles nicht" oder „Wir haben uns doch schon immer in Frankfurt getroffen".

Für diese wichtigen Treffen hatten sich die Herren gern zwei Tage in ihrem Terminkalender geblockt. Besagte Treffen fingen um zwölf Uhr an und waren am nächsten Tag mittags zu Ende. Jetzt lachen Sie bestimmt schon. Warum legten die Herren so großen Wert auf ihre Treffen vor Ort? Weil natürlich eine Nacht dazwischen lag, die man gemeinsam im Restaurant und an der Bar verbringen konnte und gleichzeitig eine Auszeit von der Familie hatte. Und das bezahlt. Ja, ich weiß, sowas nennt man Netzwerken. Jedoch ist Netzwerken, das derart finanziert und monatlich stattfindet, eine große Belastung für die Firma. Rechnen wir nach: zwei Tage, die Fahrtkosten, das Hotel und die Raummiete – mal zwölf Personen. Großkonzerne haben doch Geld, sagen Sie? Ja, das ist richtig. Aber sie haben keines zu verschenken.

Zurück zur Rechnung: 16 h × 80 € Stundenlohn + Fahrtkosten von 30 € + Hotel 80 € + Raummiete 10 € – pro Person. Damit komme ich grob überschlagen und ganz einfach und mit geringen Stundensätzen gerechnet pro Person auf 1400 € Kosten. Für zwölf Personen sind es 16.800 €. Rechnen wir das aufs Jahr mit nur zehn Treffen hoch: 168.000 €. Überrascht über die Höhe der Kosten? Ja, das war ich auch.

Wie viel Kosten verursachen dagegen virtuelle Meetings? Sie werden zeitlich knapper geplant. Reisezeiten und Kosten für Hotel und Räume fallen weg. Seien wir bei der Rechnung großzügig und rechnen mit einem Meeting über acht Stunden.

8 × 80 € × 12 Personen × 10 Treffen – das sind insgesamt 76.800 € Kosten, die anfallen.

Somit beträgt die monetäre Einsparung etwa 55 %.

Abgesehen vom auf den ersten Blick eingesparten Geld sind zudem nutzbare Kapazitäten in Form von Arbeitszeit frei geworden. Die An- und Abreisezeiten können produktiv genutzt werden. Diese Zeiten könnten wir im nächsten Schritt noch ein- und gegenrechnen. Somit würde die Einsparung weit über 60 % liegen.

Die Umstellung auf virtuelle Besprechungen hat in diesem Fall eine große Verschwendung beendet und mehr Nachhaltigkeit im Besprechungswesen verankert. Nun war es möglich, die Besprechungen im

Stil der Selbstorganisation flexibler zu planen. Nicht der gemietete Raum bestimmte den Zeitpunkt der Besprechung, sondern die Notwendigkeit. Einzug erhielten zudem rotierende Besprechungsvorbereitungen und Moderation. Dies ließ jedem Mitglied der Runde die Möglichkeit, seine Themen zu platzieren. Unabhängig von den alten Platzhirschen, die ständig versuchten, das verbale Zepter an sich zu reißen.

Die Machenschaftsmafia

Auch in Konzernen ist die Machenschaftsmafia gern unterwegs. Wenn sie folgendes beobachten, könnte dies auch bei Ihnen der Fall sein:

- Sie können Entscheidungen nicht nachvollziehen, denn sie entbehren jeder Logik oder den Konzernzielen.
- Niemand gibt Ihnen eine sinnvolle Antwort.
- Sie werden angelogen und zum Schweigen gebracht.
- Da Sie nachfragen, werden Sie zu Meetings nicht mehr eingeladen.
- Es wird an alten Strukturen vehement festgehalten.
- Einer deckt den anderen und begründet scheinbar die Handlungen.
- Wenn Sie nachfragen, werden Sie bekriegt.
- Es wird versucht, Sie lächerlich zu machen und somit unglaubwürdig.
- Hinter ihrem Rücken wird intrigiert.

Dies sind nur einige Beispiele. Warum nur das Ganze? Was können interne Machenschaften sein?

Die Machenschaften, von denen ich spreche, meinen nicht Auftragsvergaben an eigene Firmen und Familie. Dies kommt auch gut und gern vor. Ohne Frage. Die interne Machenschaftsmafia hat noch ein weiteres Portfolio. Es geht um besondere und intransparente Leistungen, die bezogen werden. Dies kann sein:

- Eigene Autos, die privat genutzt werden, aber auf der allgemeinen Kostenstelle laufen. Somit ist das nur mit hochrangigen Personen abgestimmt. Natürlich gibt es Mitwisser, die jedoch die Klappe zu halten haben.
- Manche Führungskräfte haben ein ganz anders Gehalt als andere, unabhängig von der Einwertungsstufe des Konzerns, die ja sonst das Gesetz Gottes ist.
- Es wird geduldet, dass jemand gar nicht arbeitet, weiterhin sein Geld bezieht und wenn es ganz schlecht für alle anderen läuft, in wichtige Entscheidungen hineinfunkt und nur behindert.
- Auch gibt es speziell geschaffene Alibipositionen. Sie fallen auch unter den vorherigen Punkt.

Dies sind wiederum nur einige Beispiele. Diese Intransparenz und Vorgehensweise entspricht nicht dem Mindset der Selbstorganisation oder gar des Innovational-Leadership-Konzepts. Was durch solche Strukturen entsteht, ist Neid und Konkurrenz. Es schwelen unter der Oberfläche trennende Gedanken. Geheimnisse schüren Misstrauen.

Das Verbot, Dinge anzusprechen, oder für das Ansprechen bestraft zu werden, bringt sicher keine kreativen und innovativen Mitarbeiter hervor, die das Unternehmen voranbringen wollen. Sie kreieren damit eine Unternehmenskultur, in der jeder nur auf sich schaut, um rein für sich das Maximale herauszuholen. Ob es anderen oder dem Unternehmen schadet, ist nicht relevant. Kleine Dinge, die kaum bemerkt werden, haben oft eine große Auswirkung. Wenn Sie wie ich gegen solche Dinge vorgehen, um eine andere Arbeitswelt zu gestalten, werden Sie sich zu Beginn nicht viele Freunde machen. Das sei vorab gesagt.

In meinen Coachings kommt oft die Frage, was mit unliebsamen Aufgaben ist, wenn man selbstorganisiert arbeitet, und warum genau hier ein Einsparungspotenzial liegt. Lassen Sie uns dies an einem Beispiel ansehen.

Niemand will die Aufgabe übernehmen – und ich habe schon gedroht

Ein junger Kollege kam mit dem Anliegen zu mir, eine unliebsame Aufgabe in seinem Bereich endlich zuteilen zu können. Er erzählte mir, er hätte den entsprechenden Personen schon mit einer Abmahnung gedroht, wenn die Aufgabe niemand übernimmt. Vorweg ist zu sagen, dass dieser Kollege rein hierarchisch führt. Zu mir kam er, weil er einfach nicht weiter wusste und ich für unkonventionelle Lösungen bekannt bin.

Als ich ihn fragte, was er am Ende aus unserer Session mitnehmen möchte, war die Antwort, eine Lösung, wie er die Aufgabe vergeben könnte, ohne dass sie die Mitarbeiter ablehnen werden. Denn dieses Thema würde ihn Nerven und unglaublich viel Zeit kosten. Und zudem hätte er schon Aggressionen gegenüber seinen Mitarbeitern aufgebaut. Er wisse ja, dass das nicht richtig sei, aber er ist eben auch nur Mensch.

Der erste Schritt war, die Denkweise zu verändern. Von: Wie kann ich meine Mitarbeiter zwingen oder manipulieren, die Aufgabe zu übernehmen, hin zu: Wie kann ich die Aufgabe verändern, sodass sie jeder gern übernimmt. Ja, da steckt die Lösung bereits drin.

Der zweite Schritt war, zu ergründen, warum die Aufgabe niemand übernehmen will und was die Mitarbeiter damit verbinden und befürchten. Zuerst stellte ich dem Kollegen die Fragen und schrieb für ihn mit.

- Was hält deine Mitarbeiter davon ab, die Aufgabe zu übernehmen?
- Was müsste sich ändern, dass sie die Aufgabe übernehmen würden?
- Welche Ängste gehen mit der Übernahme der Aufgabe einher?
- Was müsste verändert oder geteilt werden?
- Kommt eine externe Vergabe in Betracht?
- Ist eine andere Abteilung besser für diese Aufgabe geeignet?

Nachdem wir die Antworten zusammen durchgegangen waren, erkannte er selbst, dass er die Fragen nicht ausreichend beantworten konnte. Es war klar: Er musste seine Mitarbeiter fragen.

Wir vereinbarten, dass er bis zu unserem nächsten Termin in zwei Wochen seine Mitarbeiter fragen und mit den Antworten zurückkommen würde.

Gesagt getan. Er machte sich sofort an die Befragung, da sein Interesse geweckt war und durch den neuen Blickwinkel seine Anspannung und Aggression gegen Null gingen.

Vorweg gesagt, zu einem zweiten Termin kam es bei diesem Thema nicht. Er fand zusammen mit seinem Team eine gute Lösung für alle. Er bedankte sich bei mir und erzählte, dass er die Situation aus der Perspektive seiner Mitarbeiter so noch nie gesehen hätte. Er sei so überrascht gewesen, als er den Schritt auf sein Team zu gemacht hatte, dass diese wie von selbst die Aufgabe verändert und unter sich aufgeteilt haben. Er hätte dies nie geglaubt, da für ihn vorher nur der Top-down-Ansatz funktionierte. Nun wolle er sich aber mit der Selbstorganisation auseinandersetzen. Denn meine, für ihn damals noch verrückten Ansätze scheinen ja wirklich zu funktionieren.

Dieses Beispiel zeigt, dass selbst die Schattierung der Selbstorganisation Ihnen Erfolg und Erleichterung bringt. Sie sparen nicht nur Zeit und Geld, sondern bekommen zudem Unterstützung von Ihrem Team, die Sie vorher nicht für möglich gehalten hätten. Denn auch Ihr Team fühlt sich gesehen. Eine andere Denkweise, wie bei einem Update eines Computers, kann wahre Wunder bewirken und neue Möglichkeiten schaffen.

Umgestellt auf Selbstorganisation und mithilfe von digitalen Tool arbeiten Ihre Teams effizienter und gewinnen Zeit für kreative Phasen, in denen neue Lösungen gefunden und umgesetzt werden können. Hier treten wir ein in den Bereich der Kreativität und Innovation, der neue Möglichkeiten und Geschäftspotenziale eröffnet. Was sich genau für ihre Mitarbeiter verbessert, erfahren Sie im nächsten Abschnitt.

4.8.2 Nutzen für Mitarbeiter

Den Nutzen spüren Ihre Mitarbeiter an der freien Art und Weise, in der sie arbeiten können und das stärkenorientiert. In einem selbstorganisierten Team arbeiten Menschen auf Augenhöhe miteinander. Es geht nicht darum, wer den höheren Rang hat oder länger im Unternehmen ist. Es geht darum, wer die beste Idee hat und einen Wert zur Sache beitragen kann. Es geht darum, wer die bestmögliche Person für die Aufgabe ist.

In der Selbstorganisation lernen Mitarbeiter, sich auf ihre Stärken zu konzentrieren oder sie kennenzulernen, wenn sie sich dieser noch nicht bewusst sind. Es eröffnen sich Möglichkeiten sich auszuprobieren, seine Sparte zu finden und dort eine Expertise aufzubauen und an andere weiterzugeben oder diese damit zu unterstützen. Wenn Menschen derart wichtige Aufgaben haben und besetzen, steigt ihr Selbstwert, ihre Motivation und auch Freude an der eigenen Arbeit, die wieder Sinn bekommen hat.

Natürlich bringt ein selbstorganisiertes Team mehr Verantwortung für jeden einzelnen mit. Auf der anderen Seite mehr Freiheit. Wer mehr Verantwortung trägt, bestimmt mit. Das nenne ich Freiheit.

Sie bestimmen beispielsweise mit oder sogar allein

- bei der Urlaubsplanung,
- bei der Teilnahme an Seminaren,
- ob Büro oder Homeoffice oder beides,
- über ihre Arbeitszeiten,
- bei der Planung und über Inhalte von Teambesprechungen,
- bei der Entwicklung von Prozessen,
- bei der Einstellung neuer Mitarbeiter,
- bei der Vergabe von Projekten,
- beim Aufbau von internen Datenbanken,

- bei der Erstellung von Workshops und Onlinekursen,
- über eigens organisierte Teamevents
- und vielem mehr,

Die neuen Rechte und Pflichten halten sich natürlich im Gleichgewicht. Wer mit entscheiden oder ein Projekt selbstständig angehen möchte, muss sich einbringen. Sie als Führungskraft tragen niemanden etwas hinterher oder servieren es auf dem Silbertablett. Für die Mitarbeiter, die sich engagieren und ein wirkliches Interesse daran haben, über sich hinaus zu wachsen und sich zu beteiligen, ist die Selbstorganisation eine wundervolle Plattform.

Lassen Sie uns sehen, wie dies in der Praxis aussehen kann.

Die Leader-Fabrik

Sebastian war einer meiner Stellvertreter und ein riesiger Fachexperte auf seinem Gebiet. Als ich das Team als Leiterin verließ, tat er das Gleiche. Er wurde selbst Leiter eines anderen Bereichs. Das ist das Schönste, was Ihnen als Führungskraft passieren kann. Ein so motivierter, sozial und fachlich kompetenter Mensch ist ein großer Gewinn in der Führungsebene. Als wir uns kennenlernten, hatte er wohl sein Talent noch nicht erkannt. Durch die Möglichkeiten, verschiedene Dinge auszuprobieren, wie das Leiten von Besprechungen oder das Mitwirken bei Vorstellungsgesprächen, bekam er mehr und mehr Selbstvertrauen. Diese Aufgaben dienen dazu, Mitarbeiter für eine höhere Position zu qualifizieren. Dies ist ein fester Bestandteil des Innovational-Leadership-Konzepts. Wenn ich zurücksehe auf meine Laufbahn, haben mir diese praktischen Erfahrungen gefehlt. In einem selbstorganisierten Team ist es ein Leichtes, praktische Erfahrungen zu machen und Mitarbeitern die Chance zu geben, sich auszuprobieren und zu wachsen.

Ein selbstorganisiertes Team steht im Innovational-Leadership-Kontext für Möglichkeiten und Chancen. Chancen für jungen Menschen, die Erfahrung sammeln möchten, motiviert sind und mit einem freieren Mindset kommen, als wir das von älteren Generationen gewohnt sind. Die selbstorganisierte Arbeitsumgebung zieht jüngere Menschen an und beugt dem Fachkräftemangel vor. Was Sie nun tun müssen, ist Möglichkeiten zu kreieren – neue Möglichkeiten, die es vorher noch nicht gab.

Das müssen keine äußerst außergewöhnlichen Sachen sein. Warum das Prinzip der Selbstorganisation sehr gut dafür geeignet ist, erläutere ich Ihnen im kommenden Beispiel.

Das Potenzialträgerprogramm

Wenn Sie keine fertigen Experten oder top ausgebildeten Fachkräfte im Unternehmen haben oder Sie nicht extern finden können oder gar nicht existieren, müssen Sie selbst für Nachwuchs sorgen. Hierfür ist das Potenzialträgerprogramm ein exzellentes Mittel. Das ist Ihnen schon bekannt. Super. Dann gehen wir direkt zum Punkt, wieso es in einem selbstorganisierten Team besonders gut funktioniert.

- In einem selbstorganisierten Team arbeiten alle auf Augenhöhe.
- Jeder lernt von jedem, d. h. erfahrene Kollegen lernen auch von den Potenzialträgern. Diese bringen oft digitale Fähigkeiten mit, über die ältere Semester nicht verfügen.
- Das Mindset in einem selbstorganisierten Team ist offener und ermöglicht den Eintritt von jungen Kollegen. In Konzernen ist dies oft nicht der Fall. Hier werden Monopole geschaffen, die für neue Personen schwer zugänglich sind. Dies funktioniert leider oft nur über Vitamin B und nicht über Stärken, Motivation und Fachwissen.
- Aufgaben können individueller zugeschnitten werden. Dies erfolgt direkt im Team.
- Potenzialträger arbeiten eng mit den Erfahrenen zusammen. Dies ist wie ein Mentorenprogramm. Jedoch geht es in ein neues Normal über. Sich gegenseitig zu unterstützen, ist die Arbeitskultur. Diese ist für Potenzialträger besonders wichtig, um schnell Fuß zu fassen.

Als ich im Konzern startete, herrschte eine strenge Geheimniskultur. Diese sah vor, so gut wie keine Informationen an neue Mitarbeiter zu geben. Jedenfalls nicht die relevanten. So konnte verhindert werden, dass man richtig gute Arbeit leisten konnte. Das könnte für die anderen ja gefährlich sein. Zudem würde auffallen, dass die aktuell geleistete Arbeit wohl nicht dem Standard entspricht. Eine derartige Kultur frustriert die neue Mitarbeiterin und wirkt stark unternehmensschädigend. Als Potenzialträgerin sucht man dann schnell das Weite.

Der Nutzen für Mitarbeiter erstreckt sich von einer freieren Art und Weise der Arbeit über Teamwerte, die Möglichkeiten schaffen, anstatt zu behindern. Ein selbstorganisiertes Team unterstützt sich gegenseitig und lässt Macht- und Konkurrenzgedanken zurück. So ist es möglich, wieder Sinn am eigenen Tun zu entdecken und mit Freude zur Arbeit zu kommen. Kleine Rangeleien bleiben natürlich nicht aus. Wir sind alle nur Menschen. Und das ist der Punkt. In einem selbstorganisierten Team rückt der Mensch in den Fokus. Menschlichkeit kehrt zurück und mit ihr die Motivation und gar Passion. Für mich waren das die entscheidenden Elemente in meinem Berufsleben. Wir alle haben das Recht darauf, respektvoll und wertschätzend behandelt zu werden. Diese Werte finden sich fast selbstverständlich in einem selbstorganisierten Team, weniger in einem rein hierarchischen Konstrukt. Schaffen Sie für sich und Ihre Mitarbeiter neue Möglichkeiten und eine andere Art der Zusammenarbeit mithilfe der Selbstorganisation.

4.9   Interview mit Maren und Matthias Wagener von Vast Forward – virtuelle Führung leicht gemacht

Du leitest dein Unternehmen von einem Boot aus. Wie kam es dazu und wie sah der Weg dorthin aus? Welchen Herausforderungen bist du begegnet und was hat dich bei deiner Umsetzung bestärkt?

Wir sind Maren und Matthias Wagener und leben und arbeiten seit 2015 an Bord unserer Segelyacht VAST.

Unser Weg bis zum Umzug aufs Boot, unseren neuen Lebensmittelpunkt, war ein Prozess von fast fünf Jahren. Es gab nicht die eine Entscheidung oder den einen Plan, dem wir gefolgt sind. Wir haben einige Jahre unser erstes Boot auf der Ostsee gesegelt und festgestellt, dass wir gut von Bord aus arbeiten können – weder der wenige Raum noch die reduzierte Datenverbindung waren problematisch. Vor allem war Marens Unternehmen VAST FORWARD seit der Gründung als Netzwerkagentur konzipiert. Vielleicht lag es da nahe, das weiterzuentwickeln.

Sicherlich war es eine Kombination von Möglichkeiten und der Tatsache, dass wir das Leben auf dem Wasser beide als echte Inspiration erlebt haben – Leben auf reduziertem Raum, entschleunigtes Entdecken immer neuer Orte, nah an der Natur.

Auf diesem Weg gab es eigentlich kaum echte Hindernisse. Die Kinder sollten aus dem Haus sein und einen ersten Schritt in ihre Unabhängigkeit gemacht haben. Wir wollten unsere Kräfte bündeln. Darum hat Matthias mit dem Umzug bei VAST FORWARD einen Vertrag unterschrieben; seitdem führen wir die kleine Organisation zusammen und entwickeln unser Arbeitsmodell permanent weiter.

Auf unserem Weg aufs Boot haben wir uns neben den Jobs ins Thema eingearbeitet und fortgebildet: von Marens Sportbootlizenzen über Medizin an Bord, Wetterkunde und Notfalltrainings bis zum Amateurfunkzeugnis. Und wir haben sehr viel Zeit auf unserem Boot auf der Ostsee verbracht, andere segelnde Menschen und immer neue Orte kennengelernt.

Inspiration war und ist unser stärkster Motivator.

Welche Werte bestimmen Vast Forward und eure Zusammenarbeit? Kannst du ein Beispiel aus eurem Arbeitsalltag geben?

In verteilt arbeitenden Teams funktionieren klassische Management-methoden und Micromanagement nicht. Es gibt wenige Kontroll-mechanismen, die mit vertretbarem Aufwand Management und Mitarbeiter*innen beim effizienten Arbeiten wirklich unterstützen. Unser Leitsatz lautet: Vertrauen statt Kontrolle. Unsere Idee dahinter ist, dass gemeinsame Regeln und Rituale und ein grundsätzlich gemeinsames Verständnis von den Anforderungen unseres Jobs uns am besten dabei unterstützen, erfolgreich zusammenzuarbeiten.

Als Gerüst haben wir Werte formuliert: Liebe (zur Art und Weise, wie wir arbeiten; zu unserer Freiheit und unseren Freiräumen; zum Team und zum Job als Projektmanager*innen; zur Internettechno-logie; zur Kreation usw.), Wachstum (im Sinn individueller Weiter-entwicklung jedes*r Einzelnen; der Entwicklung des Unternehmens vor dem Hintergrund ständig veränderter Anforderungen in der Digital-branche; des Ausbaus unseres Spezialist*innennetzwerks usw.), Disziplin (das Prinzip „erreichbar sein, nicht zwangsläufig immer verfüg-bar"; Selbstorganisation und Eigenverantwortung im Job; rechtzeitig Pausen machen und in den eigenen Feierabend finden; eher über-kommunizieren und Feedback geben usw.), Vertrauen (als Idee, dass wir uns Vertrauen immer wieder erarbeiten müssen, auch das unserer

Kund*innen; zueinander in unserer Tandemstruktur; im Umgang mit unserem Spezialist*innennetzwerk usw.).

Vast Forward hat seine Expertise im Bereich der Bildpunktmobilisierung. Das umfasst die Bereiche Digital Ads, Web und App Development sowie Multimedia. Ihr übernehmt dabei das komplette Projektmanagement. Gibt es aus eurer Erfahrung wiederkehrende Herausforderungen bei der Umsetzung von Digitalisierungsstrategien? Welche Hindernisse sind typischerweise zu überwinden?

„Bildpunktmobilisierung" ist ein Kunstwort, übersetzt aus dem englischen „pixel animation" und bezieht sich darauf, dass eine unserer Aufgaben ist, aus statischen Ideen unserer Kunden animierte. Als GmbH müssen Unternehmen ihr Tätigkeitsfeld auf Deutsch im Namen tragen. Der kreative Mitarbeiter, der unser Corporate Design und den Namen „Vast Forward" entwickelt hat, hat damals „Bildpunktmobilisierung" vorgeschlagen – und Maren liebt es bis heute.

Im Kern bietet Vast Forward digitale Services in den Bereichen Beratung, Programmierung, Videobearbeitung und Kreation an. Wir setzen die Ideen unserer (Agentur-)Kunden so um, dass sie für die jeweiligen Projektanlässe nutzbar werden: als Kampagnenelemente in Form von Display Ads, Newslettern und Videos, als Webseiten und Apps.

Unser Projektmanagementkernteam bildet dabei die Schnittstelle zwischen Kund*innen und unserem Spezialist*innennetzwerk und verantwortet alle Aufgaben von der Briefingabstimmung/Auftragsklärung bis zur abschließenden Datenübergabe und Abrechnung.

Die Herausforderungen in Digitalprojekten sind in erster Linie in der schnellen Entwicklung der Branche zu finden; Anforderungen und technische Standards ändern sich mit der Weiterentwicklung von Smartphones und Computer. Auch die Erwartungen der Nutzer*innen verändern sich und erfordern eine ständige Anpassung digitaler Angebote und Services, um als Marke oder Anbieter wettbewerbsfähig zu bleiben.

Eine unserer Kernaufgaben ist daher die kontinuierliche Weiterbildung im Projektmanagement – im Spezialist*innennetzwerk findet sich das individuelle, permanente Dranbleiben als DNA in der offenen Struktur.

Welche digitale Innovation hat dich in der Vergangenheit besonders beeindruckt? Warum?
Was sollen wir da nennen – wir befinden uns ja in einer andauernden Entwicklung, deren Geschwindigkeit nach wie vor zunimmt. Vielleicht sind das Internet selbst und das Smartphone echte Meilensteine. Sie haben das gesellschaftliche und wirtschaftliche Leben für immer verändert. Beide haben alles verändert: die Art und Weise, wie wir konsumieren und kommunizieren, wie wir unsere Freizeit gestalten, wie wir auf Distanz interagieren, von den positiven Möglichkeiten des Wissensaustauschs und dem verbindenden Nutzen sozialer Netzwerke bis hin zu Hate Crime, Falschinformationen (Fake News) und neuen Formen der (Cyber-)Kriminalität.

In gewisser Weise spiegelt die digitale Welt damit heute schon unsere analoge Welt – mit den Möglichkeiten und ebenso vielen Risiken.

*Gibt es noch etwas, das du den Leser*innen mitgeben möchtest?*
Die digitale Welt erweitert unsere Möglichkeiten, als Menschen und soziale Wesen zu interagieren, zu kommunizieren, unsere Leben zu gestalten. Sozial, kulturell und wirtschaftlich sind ganz neue Gestaltungsräume entstanden – wir alle müssen dabei lernen, sie für uns und eine bessere Zukunft auch zu nutzen.

Das Unternehmen Vast Forward ist ein herausragendes Beispiel dafür, dass virtuelle Führung, selbstorganisiertes Arbeiten und Erfolg sich nicht ausschließen, sondern gegenseitig bedingen. Wenn dies wie bei den Wageners von einem Katamaran aus möglich ist und funktioniert, warum nicht dann auch bei Ihnen?

4.10 Basisgeschäft sichern

4.10.1 Definition von Basisgeschäft

Das Basisgeschäft definiert sich in jedem Unternehmen, je nach Sparte, anders. Darum soll es hier nicht gehen. Ich gebe Ihnen an dieser Stelle eine Definition vom Begriff *gesichertes Basisgeschäft* im Kontext des Innovational-Leadership-Konzepts. Dies ist wichtig, denn auf diesem Punkt baut Abschn. 5.3 – *Unter welchen Umständen kann Innovation entstehen* – auf.

Definition: Gesichertes Basisgeschäft

Im Kontext des Innovational-Leadership-Konzepts bedeutet ein gesichertes Basisgeschäft:

- Sie verfügen über eine ausreichende Anzahl von Mitarbeitern.
- Die Mitarbeiter können ihre Arbeit in der dafür vorgesehenen Zeit erledigen. Überstunden sind nicht an der Tagesordnung. Vor allem nicht unbezahlt.
- Sie schreiben mit Ihrem Unternehmen oder Ihrem Bereich schwarze oder gar grüne Zahlen.
- Die Prozesse rund um Ihr Hauptgeschäft laufen eingespielt und ohne große Herausforderungen [4].

Wie sieht es aktuell bei Ihnen bezüglich der genannten Punkte aus?

Falls Sie sagen, dass das alles bereits funktioniert, dann gratuliere ich. Sie können direkt zum Abschnitt – *Unter welchen Umständen kann Innovation entstehen* – weitergehen. Für die Mehrzahl der Menschen unter uns wird der ein oder andere Punkt noch nicht erreicht sein. Und das ist völlig in Ordnung. Sie lesen dieses Buch genau aus diesem Grund und sind somit schon weiter als viele andere Ihrer Mitbewerber.

Wenn für Sie zur Sicherung des Basisgeschäfts Punkte fehlen sollten, dann ergänzen Sie diese für sich und Ihre spezielle Sparte. Ihre Definition kann sich über die Jahre verändern. Vielleicht sind es anfangs die schwarzen Zahlen, die Sie schreiben möchten und später nur noch grüne. Fühlen Sie sich frei, die Definition gemäß Ihrem aktuellen

Standort anzupassen. Starten Sie mit den von mir genannten vier Punkten und verfeinern sich diese nach und nach.

4.10.2 Das Zusammenspiel

Um mein Basisgeschäft zu sichern, griff ich auf Selbstorganisation und die Nutzung der digitalen Transformation zurück. Die beiden Bausteine bilden somit die Basis des Innovational-Leadership-Konzepts. Ein selbstorganisiertes Team, oder – wie intern genannt – eine agile Insel, in einem Konzern aufzubauen, bedurfte einiger Kniffe. Dies hat einige Zeit gedauert. Gemeinsam mit dem Team auszuprobieren, ein Grundvertrauen zueinander aufzubauen und zu festigen. Vertrauen mir gegenüber aufzubauen, dass ich zu meinem Wort stehe und die Veränderungen für das Team positiv ausfallen. Dies war zu Anfang die größte Herausforderung: Negative Erfahrungen mit anderen Führungskräften mit positiven zu neutralisieren.

In einem mittleren oder kleinen Unternehmen werden Sie aufgrund der Größe und flacheren Hierarchien auf weniger Widerstände treffen, ein selbstorganisiertes Team einzuführen. Je weniger Hierarchien Ihr Unternehmen hat, desto einfacher ist es. Mein Beispiel bezieht sich auf das Umfeld eines Großkonzerns mit vielen Hierarchien, Prozessen, Richtlinien und Zwängen von außen. In Großkonzernen ist die Hierarchie noch das beherrschende Führungskonzept. Um den Wechsel eines Bereichs oder Teams umzusetzen, müssen Sie einige erfolgsrelevante Dinge beachten. Besonders wichtig ist es zu wissen, wo sich Hierarchie und Selbstorganisation im Wesentlichen unterscheiden (Tab. 4.1).

Um den Wechsel von einem hierarchischen zu einem selbstorganisierten Konzept möglichst elegant zu durchlaufen, ist es wichtig, den Machtfaktor, der Führungskräften scheinbar verlorengeht, im Auge zu behalten. Die Transformation von einer hierarchischen zu einer agilen Führungskraft, die ein selbstorganisiertes oder agiles Team führt, benötigt eine Neudefinition der eigenen Aufgaben. Welchen Beitrag leiste ich ab sofort, wenn ich Teile meiner Führungsaufgaben ins Team abgebe? Werde ich überflüssig? Was sind meine Aufgaben in der neuen

Tab. 4.1 Die Unterscheidung Hierarchie vs. Selbstorganisation

Hierarchie	Selbstorganisation
Das Konzept ist vertikal	Das Konzept ist horizontal
Der Rang bestimmt die Stellung	Es wird auf Augenhöhe gearbeitet, Aufgaben können rotieren und sind stärkenorientiert verteilt
Ansehen und Respekt durch Rang bestimmt	Wertschätzung und Respekt über den eigenen Beitrag und Teamgeist
Eigene Ziele stehen stark im Vordergrund	Ziele des Teams und des Unternehmens stehen im Vordergrund – das Unternehmen wird als Ökosystem, das uns trägt, wahrgenommen
Macht und Geld als ultimative Motivationsfaktoren	Motivation über Freude an der Arbeit, das Ausleben der eigenen Stärken und eines gesunden Teamklimas
Eine Person trifft die Entscheidungen, in vielen Fällen ohne Einbezug der Mitarbeiterschaft	Entscheidungen werden im Team besprochen, pro, kontra und Alternativen gesammelt – die Gruppenintelligenz genutzt –, daraufhin wird die Entscheidung getroffen – die Mitarbeiter werden gehört
Es führt eine Führungskraft, wie wir sie kennen [4]	Es führt eine agile Führungskraft oder Innovational Leader

Teamstruktur? Diese Neudefinition sieht bei jeder Führungskraft anders aus, abhängig von Branche und ihrem Typ Mensch. Für mich war die Transformation ein fließender Prozess bis heute. Mit jeder Führungsaufgabe, die Sie in Ihr Team geben, verändern sich Ihre eigene Position und natürlich auch Ihre Aufgaben. Sich neu zu definieren, ist nicht leicht. Mir hat dabei ein agiler Coach geholfen. Für jedes Team ist es entscheidend, welche Verbesserungen daraus hervorgehen, um ihnen auf dem Weg der Transformation zu folgen. Zeigen Sie Ihrem Team den Stand auf, wo wollen Sie hin und warum ist es eine gute Idee, was haben sie alle zusammen davon. Zeigen Sie auf, dass es natürlich ein Mehr an Aufgaben und Verantwortung sein wird. Und auch mehr Freiheit und Mitbestimmung bedeutet. Sprechen Sie Möglichkeiten an, Aufgaben abzugeben, zu rotieren oder Neues zu übernehmen. Dies birgt das Potenzial, stärkenorientiert arbeiten zu können.

Die Weiterentwicklung Ihrer Mitarbeiter erfolgt automatisch als ein Nebenprodukt. Mit jeder neuen Aufgabe lernen Ihre Mitarbeiter eigenverantwortlicher zu arbeiten. Selbstorganisation ist eine der effektivsten und sozialsten Methoden, Unternehmensabläufe zu optimieren und das persönliche Wachstum Ihrer Mitarbeiter zu fördern. Ja richtig gelesen, Selbstorganisation ist eine soziale Methode und trägt zur sozialen Nachhaltigkeit Ihres Unternehmens bei. Selbstorganisation orientiert sich am Menschen, an seinen Stärken und appelliert an seine Eigenverantwortung. Mehr Eigenverantwortung zu übernehmen, heißt für uns Menschen, dass man uns vertraut und wertschätzt. Wenn Menschen Aufgaben bekommen oder auswählen, die ihnen liegen, und sie diese motiviert erledigen können, führt das zu einer erhöhten Mitarbeiterbindung. Die Arbeit ist nicht nur eine Pflicht, um Geld zu verdienen. Ihre Angestellten erhalten den Faktor Freude und Sinn an ihrer Arbeit zurück. Sozial nachhaltig führen, bringt nicht nur mehr Menschlichkeit in die Arbeitswelt zurück, sondern bedeutet auch langfristig erfolgreich am Markt zu sein und das mit Ihrem loyalen und stabilen Team [4].

Das Konzept der Selbstorganisation dient dem Prinzip der Verantwortung

Selbstorganisation steht im Kontext von Innovational Leadership für verantwortliches Handeln. Insbesondere in der Position als Führungskraft. Sehen Sie davon ab, nur Ihre ungeliebten Aufgaben ans Team abzugeben. Es wird nicht funktionieren. Ihre Mitarbeiter sind intelligente Wesen und werden es merken. Das Ergebnis wird Misstrauen sein und im schlechtesten Fall verlieren Sie Teammitglieder. Verantwortung, Gemeinschaft und Freude an der Arbeit sind gesunde und unternehmensförderliche Absichten hinter der Etablierung von Selbstorganisation. Auch diese Absichten werden bei Ihren Mitarbeitern ankommen und nur so werden sie Ihnen freiwillig folgen [4].

Die Nutzung der Digitalisierung, virtuelle oder hybride Führung, die Selbstorganisation, der Aufbau von Vertrauen und das Vorleben von sozialer Nachhaltigkeit greifen ineinander. Alle Punkte sind voneinander abhängig und unterstützen sich gegenseitig. Womit Sie beginnen, hängt von Ihrem aktuellen X auf der Landkarte ab. Holen Sie sich Feedback ein, wo Sie gerade stehen. Dann wird es ein Leichtes sein, sich auf den

Weg zu Ihrem Ziel zu machen. Betrachten Sie die genannten Punkte als Ebenen, die Sie möglichst parallel anheben sollten oder Stück für Stück, eine nach der anderen. Sehen Sie davon ab, sich nur auf eine zu konzentrieren. Alle sind gleich wichtig. Die Nachhaltigkeit des Innovational-Leadership-Konzepts besteht darin, ganzheitlich an eine Transformation heranzugehen und diese umzusetzen. Mit einzelnen Bausteinen können Sie sicherlich eine Verbesserung herbeiführen. Jedoch werden Sie, um nachhaltig, langfristig und innovativ am Markt bestehen zu können, das Gesamtpaket benötigen. Die bis jetzt beschriebenen Bausteine bilden das Fundament, auf das nun der Innovationsgedanke aufbaut. Dieser wird Ihnen den entscheidenden Vorteil gegenüber Ihren Mitwettbewerbern bringen. Auf Ihr starkes Fundament bauen Sie kreative, flexible und innovative Bausteine, die Sie schnell auf Marktänderungen reagieren lassen. Flexibilität ist abhängig von Stabilität. Nur wer über innere Stabilität verfügt oder im Unternehmenskontext über Mitarbeiter, die mit ihrem Unternehmen stark verbunden und ihrer Führung vertrauen, werden sich sicher fühlen, um kreativ und innovativ zu arbeiten. Vielleicht sagen Sie: Kreativität entspringt auch aus der Angst der Mitarbeiter. Ja, das ist richtig. Jedoch wird diese Angst langfristig dazu führen, dass Ihre Mitarbeiter ausbrennen oder Sie sie verlieren. Wer möchte denn langfristig in einem Unternehmen arbeiten, in dem man jeden Tag mit Druck und Angst geführt oder eher manipuliert wird?

4.10.3 Weitere Faktoren

Ob Sie ein Team in einem Konzern oder im Mittelstand oder gar ein ganzes Unternehmen transformieren wollen, macht bei den weiteren Faktoren keinen Unterschied. Meist werden sie im Konzern- oder Mittelstandsumfeld eher vergessen und ausgeblendet.

Es gibt fünf weitere Faktoren, die sich als enorm hilfreich und wichtig herauskristallisiert haben:

- Marketing für Ihren Bereich
- Das Außenbild Ihres Bereichs oder Ihrer Abteilung
- Der Ablauf der Mitarbeitergewinnung

- Die Mitarbeiterauswahl
- Ein diverses Team aufbauen

Lassen Sie uns die Punkte anhand von Beispielen aufschlüsseln.

Marketing für meinen Bereich? Das macht man doch im Konzern nicht

Wenn Sie wie ich Fachexperten suchen und nur darauf warten, dass sich einer bei ihnen meldet, wird es schwierig. Einfache Stellenausschreibungen führen nicht mehr zu großem Erfolg. Denn der Markt ist leer. Wenn Sie möchten, dass jemand zu Ihnen findet, müssen Sie heutzutage *Werbung für sich und Ihren Bereich machen*. Werbung im Sinn von Werbung durch Ihr Team. Damit meine ich, dass Ihr Team positiv über Sie als Führungskraft und die Zusammenarbeit mit den Kollegen spricht. Dass Highlights, wie über das letzte Mitarbeiterfrühstück im Restaurant xy, berichtet werden. Ja, da steckt etwas Angeberei drin und lässt viele andere Angestellte merken und nachdenken, ob ihr jetziger Job auch diese gute Arbeitsatmosphäre bietet.

Warum auch die Mitarbeiter für das Außenbild der Abteilung mitverantwortlich sind

Ihre Mitarbeiter sind wie Sie maßgeblich für das *Außenbild der Abteilung* oder des Bereichs verantwortlich. Sagen Sie ihnen direkt, wenn Sie auf der Suche nach neuen Mitarbeitern sind, dass, wenn alle nur meckern und das Haar in der Suppe suchen, sicher keiner bei uns arbeiten möchte. Weisen Sie auf all die schönen und guten Dinge hin. Dies werden Sie nur am Anfang machen müssen. Denn Menschen sind klug und helfen mit, wenn sie den Hintergrund und die Auswirkungen ihrer Handlungen verstehen. Sie wollen ja auch neue Kollegen, die sie unterstützen. Es hat nichts damit zu tun, das Ihre Mitarbeiter lügen oder Dinge verschweigen sollen. Es macht nur den entscheidenden Unterschied, sich an wenige schlechte Sachen zu hängen und nur darüber zu reden und den Großteil der guten Sachen zu vergessen, nur um mit auf der Welle der Nörgler zu schwimmen. Wenn sich das Mindset auf die positiven Sachen, spannenden Projekte oder Teamevents verschoben hat, wird Ihr Team erkennen, was es schon geleistet hat und warum es immer wieder mit Ihnen in einem Restaurant beim Frühstück oder einem Bier das bisher Erreichte feiern geht.

Ich finde einfach keine qualifizierten Mitarbeiter! Wie machst du das?

Die Mitarbeitergewinnung von heute und morgen läuft über Netzwerke. Netzwerke im Unternehmen und auch außerhalb. Hier sind wieder Ihre Mitarbeiter gefragt. Stellen Sie Ihnen die Frage, ob Sie jemanden kennen, der für diese Position geeignet wäre und sie gern mit der Person zusammenarbeiten würden. Nutzen Sie das Netzwerk Ihrer Mitarbeiter. Sollten Sie gerade keine Stelle frei haben, ist dies nicht schlimm. Sagen Sie Ihren Mitarbeitern, dass, wenn Sie jemanden wissen, eine Initiativbewerbung empfehlen sollen. Diese können Sie ganz legal einer alten, noch offenen Ausschreibung zuordnen. Der Fachkräftemangel wird Ihnen wohl dazu verhelfen, einen Mitarbeiter über Plan einzustellen. Alternativ vereinbaren Sie eine Entwicklung mit der Person und deren Chef zu Ihnen in den Bereich. Dies lässt allen Seiten etwas Zeit, um die Stelle zu schaffen und einen Nachfolger zu finden.

Das Team in die Mitarbeiterauswahl einbeziehen

Das Team in die Mitarbeiterauswahl einbeziehen? Sie meinen, die Mitarbeiterauswahl obliegt Ihnen als Chef? Ja, das war einmal. Aus meiner Erfahrung ist es wichtig, das Team mitzunehmen. Ihr Team kennt die Personen, die eventuell infrage kommen. Sie haben bereits erste Erfahrungen zusammen gemacht, die für oder gegen eine Einstellung sprechen. Befragen Sie die Kollegen an den Standorten, die mit der neuen Person zusammen arbeiten müssten. Hier gibt es oft Sympathien oder gar Antipathien. Mir sagte mal ein Mitarbeiter, wenn ich diese Person einstelle, würde er kündigen. Wollen Sie so etwas? Zudem ist es eine Wertschätzung Ihres Teams und ein Vertrauensbeweis ihrerseits nachzufragen. Meine Devise war, niemanden einzustellen gegen den das Team ein Veto hat. Damit bin ich sehr gut gefahren und konnte ein resilientes Team aufbauen. Ein Team das divers und sozial kompetent war. Die soziale Kompetenz eines Menschen ist entscheidend, um in einem Team arbeiten zu können. Sollten Sie einsame Wölfe suchen, ist es etwas anderes.

Ich ging sogar noch einen Schritt weiter und band meine Mitarbeiter in die Auswahlgespräche ein. Sie konnten Fachfragen stellen oder auch zur Zusammenarbeit. Auf der anderen Seite des Tischs zu sitzen, war für jeden meiner Mitarbeiter spannend und eine wertvolle Erfahrung, vor allem für die Personen, die später selbst Führungskraft wurden. Für mich hatte es den Vorteil, eine weitere Meinung zu hören und andere Gesichtspunkte in die Entscheidung einfließen zu lassen. Nehmen Sie Ihr Team auch bei Personalentscheidungen mit ins Boot.

Stellen Sie sich nicht selbst immer wieder ein

Wir neigen dazu, Menschen einzustellen oder eine Freundschaft aufzubauen, wenn diese uns ähnlich sind. Dies ist für den Aufbau eines diversen Teams eher hinderlich. Sobald Sie sich darüber bewusst sind, welchen Typ von Mensch Sie bevorzugen, wird es Ihnen weniger passieren. Achten sie darauf, wen oder welche Kompetenzen Sie benötigen. Hierbei ist eine zweite Meinung hilfreich, z. B. eines Mitarbeiters, der sich am Vorstellungsgespräch beteiligt hat.

Auch diese Punkte greifen gemäß dem Prinzip der gegenseitigen Unterstützung ineinander. Sie unterstützen Ihre Mitarbeiter zu wachsen und neue Erfahrungen zu machen, indem Sie sie in ein Vorstellungsgespräch einbinden und um Unterstützung bitten. Diese wiederum helfen Ihnen, mit ihrem Feedback blinde Flecken auszuleuchten. Es ist eine Win-win-Situation oder besser gesagt – sie alle gewinnen durch ihre gegenseitige Unterstützung. Gewinnen geschieht mit Leichtigkeit und integriert sich unbemerkt in den Arbeitsalltag.

„Unsere größte Schwäche liegt im Aufgeben. Der sicherste Weg zum Erfolg ist immer, es doch noch einmal zu versuchen." (Thomas Alva Edison)

4.11 Wann Sie es lieber lassen sollten

Sie sollten diesen Weg nicht einschlagen, wenn Folgendes auf Sie zutrifft:

* Sie betrachten Selbstorganisation oder agile Teams nur als eine Modeerscheinung.
* Sie machen nur mit, weil es Ihre Kollegen auch tun.
* Sie erhoffen sich dadurch Publicity.
* Sie wollen unliebsame Aufgaben ans Team abgeben.
* Sie sind kein Langstreckenläufer, sondern suchen eine schnelle Lösung.

Selbstorganisation und agile Arbeitsformen sind keine Mode-erscheinungen. Sie werden uns erhalten bleiben, in welcher Form auch immer. Wenn Sie jemand sind, der Dinge nur tut, weil sie gerade hip sind, dann sehen Sie bitte davon ab, mit Ihrem Team diesen Weg zu gehen. Belasten Sie Ihre Teammitglieder nicht negativ vor durch reine Egotrips. Die nächste Führungskraft, die es ehrlich meint mit ihrer Transformation in die Selbstorganisation oder eine andere agile Arbeits-weise, wird es sonst extrem schwer haben.

Tun Sie es auch nicht nur, weil alle anderen jetzt agil oder selbst-organisiert arbeiten. Es ist kein Trend, den man um jeden Preis ver-folgen muss. Achten Sie darauf, was zu Ihnen als Führungskraft passt. Überlegen Sie sich, ob Sie Ihre Energie in diesen Weg stecken möchten. Der Weg wird teils beschwerlich und teils freudvoll sein. Um durch-zuhalten, benötigen Sie eine klare Vision, Motivation und das Durch-haltevermögen.

Lassen Sie es, wenn Sie es nur der Publicity wegen tun. Aufmerksam-keit zu bekommen, ist kein guter Grund, um in die Selbstorganisation einzusteigen. Sie finden sicher ein anderes Projekt, mit dem Sie sich ins Rampenlicht rücken können. Es wäre Ihren Mitarbeitern gegenüber unfair.

Sollten Sie vorhaben, unliebsame Aufgaben mittels der Selbst-organisation oder einer anderen agilen Methode loszuwerden, dann lassen Sie es. Dafür ist die Selbstorganisation nicht gedacht. Stellen Sie lieber jemanden ein, der diese, Ihre Aufgaben übernimmt. Dann ist die Sache transparent, bleibt einfach und schadet niemandem.

Wenn Sie über sich sagen, dass Ihnen bei den meisten Sachen das Durchhaltevermögen fehlt und Sie mehr der Typ Mensch sind, der die Dinge nur anschieben will oder ihnen die Umsetzung ganz fern liegt, dann lassen Sie es sein mit der Selbstorganisation. Sie tun sich selbst nichts Gutes. Für den Weg in die Selbstorganisation oder das Arbeiten in einer anderen agilen Organisationsform benötigen Sie Durch-haltevermögen. Dies sollte eine große Ressource bei Ihnen sein. Sie benötigen eine große Frustrationstoleranz, die Fähigkeit, aus Fehlern zu lernen, und bei Bedarf wieder und wieder zu beginnen, zu versuchen, um sich dann nach einiger Zeit über Ihren Erfolg zu freuen. Dieser Weg ist nichts für Sprinter, die morgen oder besser gestern damit fertig sein wollen.

Sollten Sie jedoch eine Person sein, die wie ich eine Vision von einer besseren Arbeitswelt hat und sich, von dieser getragen, auf den Weg machen wollen, dann legen Sie am besten sofort los. Machen Sie den ersten Schritt, auch wenn Sie vielleicht sagen, dass Sie nur einen Halbmarathon laufen würden. Das ist ein guter Startpunkt für mehr.

Das Innovational-Leadership-Konzept zielt drauf ab, langfristig und nachhaltig Unternehmen am Markt zu etablieren. Dies setzt die Ausrichtung voraus, dass Sie langfristig denken. Sie gehören somit nicht zu den Sprintern. Sie möchten einen Halbmarathon oder Marathon laufen und dabei Spaß haben. Wenn Sie sich als Sprinter identifizieren und lernen möchten, wie Sie zum Halbmarathonläufer werden, sind auch Sie hier richtig und aufgefordert loszulegen. Behalten Sie jedoch die zeitlichen Dimensionen im Kopf. Schon allein, um sich nicht selbst unter Druck zu setzen und an den einzelnen Stationen auf dem Weg vorbei zu rauschen. Der Weg ist das Ziel. Denn der Weg ist lang. Wenn Sie wie ich Gefallen daran gefunden haben, wird er bewusst entschieden wohl ein lebenslanger und freudvoller sein, der Ihnen die Basis bereitet, Kreativität und Innovation in Ihrem Tagesgeschäft zu verankern.

4.12 Mit kleinen Experimenten loslegen

Fangen Sie mit kleinen Schritten an und ändern Sie in Babyschritten zuerst Ihr eigenes Verhalten. Leben Sie ein neues Mindset vor. Ich lade Sie ein, das ein oder andere Experiment auszuprobieren. Danach können Sie loslegen mit einer Delegationsmatrix und dem Abgeben von kleineren Aufgaben aus Ihrem Führungsportfolio.

Wertschätzungsexperiment 1

Wertschätzen Sie jeden einzelnen Mitarbeiter bei der nächsten Teambesprechung. Wie Sie es machen können, zeigt das folgende Beispiel.

Bei einer Bereichsbesprechung stellten sich nach der Umstrukturierung die verschiedenen Bereiche vor. Ein Führungskollege begann. Er stellte seine Mitarbeiter mit Namen und Funktion vor. Doch bei zwei Mitarbeitern kam er ins Schleudern, denn er wusste die Namen nicht. Eine unangenehme Situation. Was meinen Sie für wen es schlimmer war, für die Führungskraft oder die Mitarbeiter?

Nun war ich mit meinem Bereich an der Reihe. Ich hatte mir vorgenommen, zu jedem meiner Mitarbeiter eine kleine Geschichte zu erzählen. Eine Geschichte über seine Qualitäten und was er oder sie zuletzt wichtiges für unser Team getan hat. Gesagt getan. Es war eine lustige Runde, die bis heute jedem im Gedächtnis geblieben ist. Denn so wertschätzend hatte sie noch niemand vorgestellt.

Monate später sprach mich die Sekretärin des anderen Bereichs an und meinte, dass sie so etwas noch nie erlebt hatte, und es einfach nur toll fand, dass ich zu jedem etwas erzählen konnte.

Wertschätzung berührt die Menschen, sofern sie authentisch ist. Sie bleibt in Erinnerung und zeigt Ihre menschlichen Qualitäten, wegen denen Menschen mit genau Ihnen arbeiten wollen.

Wertschätzungsexperiment 2

Wenn Ihnen das erste Experiment zu groß ist, versuchen Sie Folgendes:

• Bedanken Sie sich für eine rasche Antwort auf ihre E-Mail mit: Vielen Dank für die schnelle Rückmeldung, oder einem einfachen Dankeschön.
• Tun Sie dies auch verbal, wenn die Situation dazu einlädt.
• Sprechen Sie es aus, wenn Sie sich über eine Leistung oder schnelle Zuarbeit freuen.
• Werfen Sie den Glaubenssatz – Nicht geschimpft ist schon gelobt – über Bord.

Das Teamevent fürs Miteinander

Organisieren Sie Ihr erstes Teamfrühstück. Und bitte organisieren Sie es selbst. Beim zweiten Mal können Sie diese Aufgabe gern abgeben.

Klären Sie, ob Sie nicht einen Geldtopf bei Ihrer Firma finden, aus dem Sie das Frühstück finanzieren können. Vielleicht haben Sie ein großes Projekt abgeschlossen oder es gibt einen Teambuilding-Topf. Es findet sich oft eine Möglichkeit.

Suchen Sie ein nachhaltiges Café oder Restaurant. Nehmen Sie gern Lokalitäten, die z. B. behinderte Mitarbeiter einstellen oder solche Projekte unterstützen. Es muss nicht die hippste Lokation sein. Meiner Erfahrung nach fühlen sich viele Menschen dort unwohl. Achten Sie auf eine lockere Atmosphäre. Die Möglichkeit, dass man sich gut unterhalten kann und Gesundes aufgetischt wird. Sehen Sie bitte von Fressorgien und Fast Food ab. Es geht um das gemeinsame Erlebnis, das gern gesund und nachhaltig sein sollte.

Sollte dies für Sie nicht funktionieren, organisieren Sie eine Grillveranstaltung oder einen Brunch, für den jeder etwas mitbringt.

Eine weitere Alternative ist ein Biergartenbesuch. Besonders in Bayern beliebt. Hier können Sie eigenes Essen mitbringen und müssen nur die Getränke dort kaufen. Dabei können Sie sich überlegen, ob Sie nicht die erste Runde ausgeben.

Für diese Treffen gibt es keine Agenda. Es werden keine Besprechungspunkte geplant. Die Gespräche entwickeln sich auf natürliche Weise teils in eine private Richtung und auch wieder zurück zu Arbeitsthemen.

Fragen an das Team 1

Fragen Sie:

* Was braucht ihr als Team gerade, um noch besser arbeiten zu können?
* Was brauchst du, um noch besser (im Homeoffice) arbeiten zu können?
* Benötigt ihr Unterstützung, um die Herausforderung lösen zu können?
* Bis wann könnt ihr die Herausforderung realistisch lösen?
* Was möchtet ihr gern beim nächsten Teamevent machen? Lasst uns Ideen sammeln und abstimmen.
* Gibt es noch etwas, das ihr gern ansprechen möchtet und heute noch nicht behandelt wurde?

Fragen an das Team 2

Lassen Sie zu Beginn und zum Ende jeder Teambesprechung jede Person zu Wort kommen.

Eine Frage zum Einstieg könnte sein: *Wie bist du heute da, wie geht es dir, was ist dein aktueller Stand und welche Themen hast du uns mitgebracht?*

Eine Frage zum Ausstieg: *Was nimmst du aus unserer heutigen Besprechung mit und was sind deine nächsten Schritte?*

Ich hoffe, die Experimente leisten Ihnen gute Dienste und geben Ihnen einen Einstieg in eine andere Art und Weise der Zusammenarbeit. Und nein, wir sind hier noch nicht am Ende. Genau an diesem Punkt gehen wir über zum spannenden Teil, der Innovation.

Wie Sie nun mit Leichtigkeit Innovation in ihr Basisgeschäft integrieren, erfahren Sie im nächsten Kapitel. Auch hier nehme ich Sie mit auf eine Reise durch viele Beispiele, Denkanstöße und das ein oder andere Experiment. Vergessen Sie nicht, Spaß beim Lesen zu haben. Alles, was ich Ihnen hier erzähle, ist dazu da, Sie zu inspirieren. Es besteht kein Muss der Umsetzung. Sie können unbeschwert und unbefangen weiterlesen. Sehen Sie dieses Buch als Ideenquelle, zu der Sie immer wieder zurückkehren können. Dann lassen Sie uns loslegen. Weiter geht es im nächsten Kapitel.

Literatur

1. Boziyazi, E., Kurt, D., 2022, *Soziale Nachhaltigkeit und digitale Transformation*, Stuttgart: Schäffer-Poeschel.
2. Castellucci, L. (2022). Die Relevanz sozialer Nachhaltigkeit. In E. Bozyazi & D. Kurt (Hrsg.), *Soziale Nachhaltigkeit und digitale Transformation* (S. 21-37), Stuttgart: Schäffer-Poeschel.
3. DB Akademie, https://dbakademie.deutschebahn.com/dba-home, *abgerufen am 15.05.2022.*
4. Swoboda, M. (2020). *Agilisierung – Chance in der Krise.* https://martinaswoboda.com/2020/03/30/selbstorganisation-chance-in-der-krise/. Zugegriffen am 04.04.2022.
5. Swoboda, M. b. (2021). *Innovational Leadership: Führung und Vertrauen.* https://martinaswoboda.com/2021/04/17/digital-leadership-fuehrung-und-vertrauen/. Zugegriffen am 04.04.2022.
6. Swoboda, M. (2022). Von der Hierarchie zur Innovation – mit Innovational Leadership. In E. Bozyazi & D. Kurt (Hrsg.), *Soziale Nachhaltigkeit und digitale Transformation* (S. 129–141), Stuttgart: Schäffer-Poeschel.
7. Swoboda, M. (Erscheint 2022). Innovational Leadership. In A. Rusnjak (Hrsg.), *Playbook für Innovatoren in unsicheren Zeiten*, Wiesbaden: Springer.

5

Von innovativen Arbeitswelten

Die Quelle jeglicher Kreativität und Innovation ist der Mensch.
(Martina Swoboda)

Innovation ist in unserer heutigen Zeit ein wichtiges Gut. Wenn Sie
diese in Ihr Tagesgeschäft integriert haben, umso besser. Innovationen
halten Sie mit Ihrem Unternehmen erfolgreich und langfristig am
Markt. Firmen, die weder kreativ noch innovativ unterwegs sind,
werden über die nächsten Jahre vom Markt verschwinden. Sie fragen
warum? In unserer schnelllebigen Zeit müssen sich nicht nur IT-Firmen
anpassen und fortlaufend bessere und schnellere Lösungen präsentieren.
Dies trifft auch auf alle anderen Unternehmensgruppen zu. Neuerungen
gehen schneller als früher ins normal über. Die Kunden sehen dies als
Basisleistung an. Was können Sie dann drauflegen? Wenn Sie nicht
innovativ arbeiten, wird die Antwort bald „nichts" lauten.

Viele Firmen und Konzerne haben Innovationsabteilungen.
Auch ich habe diese kennengelernt und durfte mit ihnen arbeiten.
Die Menschen, die dort arbeiteten, waren höchst kreativ mit agilen
Methoden unterwegs, generierten Ideen und stellten dies vor. Leider
waren sie selten damit erfolgreich. Nur vereinzelt wurden Projekte
umgesetzt. Für mich stand damals die Frage im Raum, warum das so

ist. Es wurde sehr viel Geld für diese Abteilungen investiert. Gerechnet hat es sich nicht. Die Ideen erreichten die Basis nicht. Die Mitarbeiter aus den operativen Bereichen konnten sich mit den Ideen nicht identifizieren und wollten sie somit nicht umsetzen. Es wurde altbewährt jede Change-Maßnahme ausgesessen.

Diesem Phänomen beugt das Innovational-Leadership-Konzept bewusst vor. Die Innovationen entstehen in jedem Bereich selbst. Sie kommen somit nicht von außen. Sie sind nicht auf- oder übergestülpt. Da das Team die innovativen Ansätze und Lösungen selbst mitentwickelt hat, werden sie seitens des Teams leichter mitgetragen. Denn es sind ihre Lösungen. Zudem kommt der kreative und innovative Prozess erst zum Laufen, auf ganz natürliche Art und Weise, wenn das Basisgeschäft gesichert ist. Erst dann entsteht ein Raum, in dem Kreativität gelebt und Innovation entstehen kann. Wie sollte es anders funktionieren, wenn jeder bis zum Anschlag ausgelastet oder gar überlastet ist. Überlastete Mitarbeiter werden keine Innovation hervorbringen oder von außen gebrachte Lösungen umsetzen.

Der Weg zur Innovation ist fragil. Er kann durch kreative Techniken unterstützt werden. Was essenziell ist, ist Zeit zu haben, alternative Möglichkeiten zu durchdenken, Ideen weiter zu spinnen, eine Vision einer anderen Lösung zu entwickeln. Das sind die Dinge, die den Stein ins Rollen bringen. Druck vom Chef, Einsparungsmaßnahmen und mehr und mehr Arbeit sind nicht hilfreich. Bei der Entwicklung von Innovation geht es darum, über die aktuellen Grenzen, Prozesse und Normen hinauszudenken, sie zu überschreiten. Sich auf unbekanntes Terrain zu begeben. Dazu braucht es Mut, Kreativität und Vertrauen. Vertrauen in sich selbst und die Fähigkeit, neue Lösungen zu finden, und Vertrauen in die Führung, die dabei unterstützt und die nötigen Ressourcen gibt. Ressourcen im Sinn von Zeit, Geld, Unterstützung durch andere Mitarbeiter und ein offenes Ohr, wenn es mal nicht so gut läuft.

Wenn wir all diese Ressourcen haben und bereitstellen, was bekommen Sie als Unternehmen dafür? Was verstehen wir unter Innovation?

„Tu erst das Notwendige, dann das Mögliche, und plötzlich schaffst du das Unmögliche." (Franz von Assisi)

5.1   Was ist Innovation

Kreativität ist die Fähigkeit, traditionelle Denk- und Handlungsweisen zu überschreiten und neue und originelle Ideen, Methoden oder Dinge zu entwickeln. [4]

Definition Innovation

1. Allgemein
„Bezeichnung in den Wirtschaftswissenschaften für die mit technischem, sozialem und wirtschaftlichem Wandel einhergehenden (komplexen) Neuerungen."
„Bisher liegt kein geschlossener, allg. gültiger Innovationsansatz bzw. keine allg. akzeptierte Begriffsdefinition vor. Gemeinsam sind allen Definitionsversuchen die Merkmale:

1. Neuheit oder (Er-)Neuerung eines Objekts oder einer sozialen Handlungsweise, mind. für das betrachtete System und
2. Veränderung bzw. Wechsel durch die Innovation in und durch die Unternehmung, d. h. Innovation muss entdeckt/erfunden, eingeführt, genutzt, angewandt und institutionalisiert werden." [5]

2. Betriebswirtschaftslehre
„1. Begriffsinterpretationen:

1. Leitvorstellung bzw. Denkhaltung von Unternehmern und Managern: Beim innovativen Unternehmen z. B. finden Neuerungen ihren Niederschlag in der Unternehmens- und Produktpolitik;
2. Sozialtechnologie, z. B. als Programme oder Ansätze zur Beschreibung, Erklärung und Beeinflussung des geplanten organisatorischen Wandels;
3. strategisches Konzept: (Technische) Innovationen dienen als „Waffe" im (internationalen, technologischen) Wettbewerb und helfen dem Unternehmen, Wachstum zu erzielen;
4. analytische Variable (bei gesamtwirtschaftlicher Betrachtungsweise): Innovation bzw. technischer Fortschritt ist das erklärende Moment, warum eine Produktionsfunktion eine nächsthöhere Stufe der wirtschaftlichen Entwicklung oder des Wachstums erreicht." [5]

„ ...]Aufgrund dieses vielfältigen komplexen und dynamischen Problemfelds (technischer) Innovation ist Innovation Führungsaufgabe strategischer und operativer Art." [5]
   „Die Führung erkennt die ökonomische Relevanz der Forschungs- und Entwicklungsergebnisse/Investitionen (technologische Voraussagen, Technologiefolgenabschätzung) und besitzt die Innovationsbereitschaft und -fähigkeit, die ursprünglichen Erfindungen produktionsreif zu entwickeln, herzustellen und zu vermarkten bzw. als Verfahrensinnovationen einzusetzen." [5]
   „Mit dem Führungsproblem rücken weitere Aspekte und Faktoren von (technischen) Innovationen im Unternehmen in den Vordergrund: Die Notwendigkeit von Innovation für Unternehmen führt im konkreten Innovationsprozess zu inner- und außerbetrieblichen Folgeproblemen (erhebliche Innovationswiderstände, Akzeptanzprobleme), die durch das innovierende Unternehmen als weitere Führungsprobleme mitbewältigt werden müssen:

1. Das Objekt der Innovation (Produkt-, Material-, Informations- und/ oder Verfahrensinnovation) induziert i. d. R. Sozialinnovationen, z. B. Veränderungen der Ablauforganisation, Verhaltensänderung bei den Organisationsmitgliedern mittels Organisationsentwicklung, Verhaltensänderungen bei Lieferanten und Kunden.
2. Innovative Problemstellungen zeichnen sich durch dominante Merkmale wie Neuheitsgrad, Komplexität, Unsicherheit/Risiko und Konfliktgehalt aus.
3. Innovationen werden innerbetrieblich durch sozial-organisatorische Bedingungen unterstützt (Zielsystem, Anreizsystem, Führungsstil, Projektmanagement etc.).
4. Spezifische Führungsfunktionen, -techniken und -attitüden eines Fach- und Machtpromotors als Mitwirkungsformen des Managements.
5. Schaffung innovationsfördernder Rahmenbedingungen sowie Erfassung und Förderung „kreativen" Personals mittels betrieblichen Vorschlagswesens, Qualitätszirkeln, Erfinder-Beauftragten etc.
6. Bereitstellung von Risikokapital (Venture-Capital)." [5]

Die Definition von Innovation und den Bedingungen, die mit ihr einhergehen, bringt mehr Klarheit in die vorangegangenen Kapitel sowie für den Weg zu Kreativität und Innovation.

5.2   Der Weg zu Kreativität und Innovation

„Innovation zeigt sich im Raum dazwischen und fängt dort an, wo sie den Bereich des Bekannten verlassen." (Martina Swoboda)

Innovation und Veränderungen fangen genau dort an, wo Ihre aktuelle Komfortzone endet – der Bereich, den Sie kennen. Dort finden Sie die zukünftigen Innovationen nicht.

Der Bereich der Innovation befindet sich auf unbekanntem Territorium. Leuchtet das ein? Denn sonst wäre es keine Innovation. Innovation ist etwas, was es in dieser Weise oder überhaupt noch nicht gegeben hat.

Es ist wichtig, den Mut zu besitzen, neue Dinge auszuprobieren. Dies wird durch das Innovational-Leadership,Konzept unterstützt. Sie als Führungskraft führen Ihr Team in den Bereich der Innovation. Übersetzt heißt dies, dass Sie eine große Veränderungstoleranz mitbringen sollten, um diese vorzuleben und Ihren Mitarbeitern so Sicherheit zu geben. Sicherheit hinsichtlich einer disruptiven Handlungsweise, die viele Veränderungen mitbringt. Die Botschaft „Veränderung ist in Ordnung und gewollt" muss bei Ihrem Team ankommen. Veränderung ist für viele Menschen mit Angst verknüpft. Gedanken wie „wir machen es besser so wie immer, dann passiert nichts" hängen in den Köpfen. Die Glaubenssätze sind hinderlich auf dem Weg zu Kreativität und Innovation. Auf die Hindernisse und wie Sie Angst als Superpower nutzen können, gehe ich in den folgenden Abschnitten ein.

Innovation zeigt sich im Raum dazwischen meint, dass Innovation in einer Zeit entsteht, in der wir nichts anderes zu tun haben als über neue Möglichkeiten nachzusinnen oder gar gar nichts zu tun haben. Also aus der Muße heraus. In unserer heutigen Leistungsgesellschaft ist nichts zu tun unerwünscht und wird mit Faulheit oder Unproduktivität gleichgesetzt. Dem ist nicht so. Die freie Zeit, ob zum Gespräch mit Kollegen genutzt oder zum Recherchieren in Unterlagen oder dem Internet, ist für das Unternehmen Gold wert. Im ersten Schritt ist der Wert nicht erkennbar, doch bei näherem Hinsehen kommen neue Ideen durch die Inspiration von außen. Gehen Sie nicht davon aus, dass Ihre Mitarbeiter sich ihre Inspiration für die Arbeit in ihrem Privatleben suchen. Dies kann sein, sollte aber nicht vorausgesetzt werden. Freizeit ist Freizeit und wichtig für die Erholung. Denn ausgebrannte Mitarbeiter werden sicher keine Innovationen hervorbringen.

Der Raum dazwischen ist somit ein wichtiges Element auf dem Weg zu Kreativität und Innovation. Geben Sie Ihren Leuten Raum. Wenn alles voll ist, ist keine Raum vorhanden für etwas Neues. Mit dem Konzept Raum setzen wir uns in einem späteren Abschnitt detaillierter auseinander.

Hier sind wir wieder beim Punkt Vertrauen. Wenn Sie Mitarbeitern mehr Raum geben, führt das nicht unweigerlich zu Innovation. Es führt jedoch auch nicht dazu, dass diese die Füße hochlegen. Menschen, die es nicht oder nicht mehr gewohnt sind, kreativ und innovativ zu arbeiten, benötigen etwas Anleitung, Beispiele und wiederum Zeit, um in die neue Situation hineinzuwachsen. Eine selbstorganisierte Arbeitsweise unterstützt den Prozess ungemein. Hier wird bereits wieder gelernt, eigenständig zu arbeiten. Die Kompetenz, eigene Projekte anzugehen, wird trainiert. Zudem werden ihre Mitläufer zu eigenständigen Personen, die eine Meinung haben und sich trauen, sie zu sagen. Dies benötigen Sie dringend. Denn was bringt es, wenn ein Mitarbeiter eine innovative Lösung hat, aber sich nicht traut, diese vorzustellen? Erkennen Sie die Zusammenhänge?

Zur Inspiration finden Sie hier den QR-Code zu einem kurzen Video zum Thema Innovation.

Im Kontext von Innovational Leadership sehen wir uns Innovation von der Seite des Menschen an. Gern wird vergessen, dass der Hauptakteur im Innovationsprozess der Mensch ist. Was Sie in diesem Buch nicht finden werden, sind Prozesse oder deren Beschreibungen. Das Innovational-Leadership-Konzept rückt den Menschen zurück in den

Mittelpunkt. Welchen Prozess oder welches digitale Transformations-
modell Sie verwenden, ist dafür irrelevant. Alles Angesprochene kann
auf Ihr Modell adaptiert und angewendet werden.

5.3   Unter welchen Umständen kann Innovation entstehen?

Um Innovation nachhaltig ins Unternehmen zu integrieren, benötigen
Sie ein innovationsförderndes Umfeld. Wenn Freiraum für Kreativität
fehlt oder Kreativität nicht erwünscht ist, wird es keine Innovationen
geben [1].

Faktoren, die Innovation fördern

- Die Nutzung von agilen Methoden
- Das Denken aus der Unternehmerperspektive
- Das Einbeziehen der Digitalisierung
- Der Aufbau eines Innovationsnetzwerks
- Eine innovationsfördernde Unternehmenskultur

1. **Agile Methoden**
   - Sie sind bereits jedem ein Begriff
   - Hierzu zählen unter anderem Scrum, Lean oder Design Thinking
   - Nutzung der Selbstorganisation
2. **Denken wie ein Unternehmer**
   - Eigenverantwortliches Handeln etablieren
   - Selbstorganisiertes und lösungsorientiertes Arbeiten als neues Normal
   - Eigene, intrinsische Motivation fördern, ein Ziel zu erreichen
   - Bereitschaft, Risiken einzugehen, vorleben und bei den Mit-arbeitern unterstützen
   - Mut und Ehrgeiz, an der Sache dranzubleiben und durchzuhalten
   - Fehler als Chancen zu sehen, weiterzumachen und daraus zu lernen

3. **Die Digitalisierung nutzen und einbeziehen**
   - Lassen Sie sich von neuen Produkten, Webseiten oder guter Werbung inspirieren.
   - Diese können Ihnen einen neuen Blickwinkel auf Ihre Produkte eröffnen.
   - Nutzen Sie die fortschreitende Digitalisierung, um Ihre Innovationen voranzubringen.
   - Denken Sie an neue Möglichkeiten der Robotik, der KI und Blockchaintechnologie oder des Metaversums.
   - Lassen Sie sich im kommenden Abschnitt vom Interview zum Thema Metaversum inspirieren.
4. **Bauen Sie Ihr eigenes Innovationsnetzwerk auf**
   - Knüpfen Sie Kontakt zu Menschen in Ihrem Unternehmen, die sich wie Sie mit Innovation beschäftigen. Sie werden diese in den Bereichen Change Management, New Work oder Digitalisierung finden.
   - Besuchen Sie Seminare, die sich mit Innovation oder anderen interessanten Themen befassen.
   - Netzwerken Sie oder fangen Sie damit an.
5. **Eine innovationsfördernde Unternehmenskultur**
   - Bedingt das Schaffen von Innovation maßgeblich
   - Sie benötigen Freiraum für Kreativität und Budget für Sonderprojekte
   - Finden Sie einen Förderer Ihre Innovationsprojekte
   - Fördern Sie als Führungskraft Ihre Mitarbeiter
   - Geben Sie ihnen Raum und Zeit für die Umsetzung ihrer neuen Ideen
   - Teilen Sie mit, dass neue Ideen erwünscht, willkommen und unterstützt werden
   - Ermuntern Sie Ihre Mitarbeiter, Ihre Meinung zu sagen und aktiv an der Lösung von Problemen mitzuarbeiten
   - Innovation kommt oft aus den eigenen Reihen
   - Gehen Sie als gutes Beispiel voran

- Bauen Sie eine wertschätzende Fehlerkultur auf, in der niemand Angst haben muss
- Helfen Sie aus Fehlern zu lernen, um daraus Neues und Besseres zu kreieren und diese als Zwischenschritte zum Erfolg zu sehen [1]

Lassen Sie sich im nächsten Abschnitt vom Interview mit Professor Dr. Detscher zum Thema Metaversum inspirieren.

5.4 Metaversum – Interview mit Professor Dr. Detscher

Prof. Dr. Stefan Detscher ist Direktor des Digital Business Institute und Professor mit den Lehr- und Forschungsschwerpunkten digitales Management und digitales Marketing an der Hochschule für Wirtschaft und Umwelt Nürtingen-Geislingen. Dort hat er die berufsbegleitenden Digital-MBA- und Studienprogramme aufgebaut und ist Leiter der Digital Business School. Er ist zudem als Investor und Beirat in Start-ups sowie als Advisor für digitale Geschäftsentwicklung aktiv, wobei er fast zwei Jahrzehnte Erfahrung als Berater, Manager und Gründer im Technologieumfeld einbringt.

Was bedeutet der Begriff Metaversum? Was unterscheidet das Metaversum vom digitalen Zwilling?
Das Metaversum ist eine Verknüpfung von realer Welt und virtuellen Welten. Es handelt sich dabei um einen relativ neu entstandenen Begriff, den vornehmlich Online-Spiele und der in Meta umbenannte Facebook-Konzern geprägt haben. Es beschreibt eine virtuelle Lokalität, an der sich reale Menschen begegnen, um dort miteinander zu interagieren. Dabei sind die Technologien Virtual und Augmented Reality wesentliche Enabler.

Ein digitaler Zwilling hingegen ist eine virtuelle Version eines realen Objekts. Der Begriff wurde erstmalig in den 1990er-Jahren im Buch *Mirror Worlds* von David Gelernter erwähnt. Die Technologie des digitalen Zwillings wurde initial 2010 von der NASA für Simulationen von Raumkapseln eingesetzt. Insbesondere der Softwarekonzern Microsoft hat in seinen Aussagen die Notwendigkeit der digitalen Zwillingstechnologie für den Aufbau des Metaversums hervorgehoben.

Das Metaversum soll einen Großteil unseres Lebens revolutionieren. Wie sieht dies aus Ihrer Perspektive aus? Wo sehen Sie Potenzial? Wo stößt das Metaversum Ihrer Meinung nach an Grenzen?
Die Potenziale für das Thema Metaverse sind meines Erachtens sehr groß; es herrscht dazu aktuell geradezu ein Hype.

Gemäß einer repräsentativen Online-Befragung der Digitalagenturen Annalect und OMD von Anfang dieses Jahres nutzen oder interessieren sich 61 % der Befragten fürs Metaverse. Davon haben bereits 11 % Erfahrungen mit virtuellen Welten gemacht, weitere 18 % wollen bald eine virtuelle Welt ausprobieren und 32 % können sich eine Nutzung vorstellen. Nur 27 % können sich die Metaverse-Nutzung noch nicht vorstellen und lediglich die kleine Minderheit von 12 % schließen die Nutzung virtueller Welten für sich komplett aus.

Laut der zitierten Umfrage sehen Nutzer aktuell folgende Anwendungspotenziale: Jeweils knapp die Hälfte derer, die sich vorstellen können, künftig eine virtuelle Welt zu nutzen, wollen darin reisen (48 %), gamen (46 %) oder sich weiterbilden (45 %). Für je 41 % steht der soziale Austausch oder eine Shoppingtour im Fokus und 37 % setzen auf Kulturerlebnisse in virtuellen Welten.

Das Metaverse kann eine transformative Technologie werden, die eine regelrechte Technologierevolution auslösen könnte. Gleichzeitig könnte das Metaverse aber auch der Beginn einer der schlimmsten Albträume der Menschheit werden. Das Metaverse könnte soziale Beziehungen stärker stören als soziale Medien, den Generationenunterschied weiter vergrößern, mehr Polarisierung in der Gesellschaft auslösen, mehr Ausbeutung verursachen und das Konsumverhalten noch stärker manipulieren. Hier sehe ich die Grenze des positiven Nutzens und wo auch Gesellschaft und Gesetzgebung gegebenenfalls gegensteuern sollten.

Welche Auswirkungen wird das Metaversum auf unser Leben insbesondere auf unsere Wirtschaft haben, wenn Unternehmen ganze Logistik- und Produktionsketten im Metaversum kreieren und somit ein „Industrial Metaverse" aufbauen?

Das Metaverse kann man unbenommen als Internet der Zukunft bezeichnen, in dem reale und virtuelle Welt nahtlos ineinander übergehen. Das Metaverse wird sowohl das digitale als auch das physische Leben beeinflussen.

Der Kampf um die Vorherrschaft ist bei den Tech-Giganten voll entbrannt und könnte deren weltweit machtbeherrschende Positionierung noch weiter manifestieren.

Es werden Internet-of-Things(IoT)- und Augmented-Reality(AR)-Anwendungen noch stärker in der industriellen Nutzung verknüpft und erlauben hohe Effektivitäts- und Effizienzgewinne u. a. in der industriellen Produktentwicklung wie auch in der Produktionssteuerung.

Für die Industrie könnten die neuen Plattformen beispielsweise bei Ausbildung und Qualifizierung helfen. So könnten Metaverse-Welten global an verschiedenen Standorten durch Gamification animierte Schulungen mit neuen Geräten und mit neuen Technologien unterstützen.

Welche durch das Metaversum bedingte, neue Geschäftskonzepte und Jobs sehen Sie in der Zukunft?

Als Beispiele kann man virtuelle Events, Konzerte oder Shows sowie sogenannte Branded Spaces benennen. Werbung wird höchstwahrscheinlich in der virtuellen Welt des Metaverse von hoher Bedeutung sein. Werbetreibende werden mithilfe von AR-Brillen und Eye Tracking in Echtzeit erfassen können, was Nutzer sich anschauen, was nicht und wie sich ein User dabei fühlt. Durch die stark abnehmende Anonymität kann es möglich werden, ein noch gezielteres Targeting zu betreiben.

Vor allem werden sich in einem Metaverse neue Touchpoints ergeben, die eine neue Form des Erlebens für Konsumenten und zum virtuellen Shoppen ermöglichen. Marken können rund um die Uhr in digitalen Kaufhäusern ihre Produkte und Services anbieten, neue Kundensegmente erschließen oder auch Produkte in Echtzeit testen. Nutzer können virtuell beispielsweise durch Möbelhäuser gehen oder ihre Avatare in Modegeschäften neu einkleiden.

Es könnte sich ein sogenanntes Meta Commerce entwickeln – ähnlich und ergänzend wie aktuell schon E-, Mobile, Social und Voice Commerce. Die entsprechend benötigen Jobs sind Software Developer und Architects, Produktentwickler und -designer, Daten- und Analytics-Experten sowie Spezialisten in digitaler Vermarktung, die mit Technologien wie AR aber auch Blockchain, Smart Contracts, Big Data und Cloud-Technologie umgehen können.

Wie wird sich die Zusammenarbeit in Unternehmen durch das Metaversum verändern? Welche Schlüsselqualifikationen werden dann bei Führungskräften und Mitarbeitern gefragt sein?

Die Bedeutung von individuellem Arbeitsleben, Homeoffice, Projektarbeit und befristeter Teilzeittätigkeit werden zunehmen. Da die Entwicklungen sehr schnell sein werden, befinden wir uns in einem kontinuierlichen Lernprozess, um im Geschäftsleben zu bestehen.

Dementsprechend muss jeder die Fähigkeit haben bzw. aufbauen, sich schnell weiterzuentwickeln. Wer schnell lernt und sich schnell auf veränderte Rahmenbedingungen und Abläufe einstellt, wird erfolgreich sein. Darüber hinaus werden Eigenschaften und Kompetenzen wie Eigeninitiative, Innovation, effektive Entscheidungsfindung, schneller Zugang zu und Nutzung von Informationen, analytisches Denken, Problemlösungsfähigkeiten und synergetisches Zusammenarbeiten enorm wichtig sein.

Die Entwicklung des Metaverse hängt insbesondere von den zu entwickelnden Anwendungen für diese virtuelle Welt ab. Daher werden Kenntnisse im Bereich digitaler Anwendungsentwicklung und Einsatz von Algorithmen in Zukunft immer wichtiger werden. Die Digitalkompetenz wird künftig für fast jeden Beruf eine grundlegend wichtige werden, die junge Leute ab dem Schulalter erwerben und schon im

Beruf stehende Führungskräfte und Mitarbeitende sich verstärkt on- und off-the-job aneignen müssen.

Wie sollten sich Unternehmen aufstellen, um im kommenden Zeitalter des Metaversums nachhaltig und erfolgreich am Markt bestehen zu können?
Obwohl es noch in den Kinderschuhen steckt, weisen Experten bereits darauf hin, dass die Hauptmerkmale des Metaversums je nach Branche verschieden sein werden.

Beispielsweise im Modeeinzelhandel könnten die Verbraucher die Möglichkeit bekommen, Kleidung Schuhe und Accessoires virtuell ausprobieren. Dies liegt an der AR-Technologie, die es ermöglicht, eine Umgebung (in diesem Fall den Körper selbst) zu scannen und dann die verschiedenen Kleidungsstücke passend auszuwählen und an sich selbst zu betrachten. Dadurch wird die Bedeutung der digitalen Vermarktung tendenziell noch stärker wachsen, da viele Menschen aufgrund des dann virtuellen Einkaufserlebnisses nicht mehr persönlich, sondern nur noch digital einkaufen.

Auf diese neue Art des Geschäfts müssen sich die Anbieter der jeweiligen Branche einstellen und in entsprechende Technologien investieren, um weiter erfolgreich am Markt sein zu können.

Mehrere Unternehmen haben angekündigt, dass sie in das Metaverse eintreten werden, darunter Carrefour und Samsung. Es wird erwartet, dass bald andere große Firmen hinzukommen. Während etablierte Marken also Chancen nicht verpassen dürfen, werden neue Anbieter auch Pionierarbeit in dieser neuen technologischen Lebenswelt leisten und zu Wettbewerbern werden.

Das Metaversum kann eine vielversprechende Chance für manche Märkte sein. Es birgt Potenzial und ist dennoch ein unbekanntes Feld, das es zu erforschen und zu nutzen gilt. Denken Sie an die Anfänge des Internets zurück. Damals hat wohl kaum jemand an die Möglichkeit eines Metaversums gedacht. Genauso ist es heute mit der Innovation. Vieles was für uns jetzt undenkbar ist, wird in einigen Jahren zu unserem Alltag gehören.

5.5   Muss Innovation unterstützt werden?

Ja, Innovation muss vom Unternehmen, der Führungskraft und den Mitarbeitern unterstützt werden. Eine innovationsfördernde Unternehmenskultur ist wichtig und sogar notwendig. Sonst wird es ein extremer Kraftakt sein, Innovationen zu kreieren und umzusetzen.

Jeder kann aus seiner Position heraus einen Teil zu einer innovationsfördernden Unternehmenskultur beitragen. Die immer schnelllebigere Arbeitswelt wird dies bald als normal ansehen. Dinge ändern sich in immer kürzerer Zeit. Innovationsfähigkeit wird der neue Standard der Zukunft [1].

> **Wie Sie eine Innovationskultur unterstützen können [1]**
> - Geben Sie Ihren Mitarbeitern Zeit und Raum, um kreativ zu sein
> - Gründen Sie interdisziplinäre Teams in Ihrem Bereich
> - Nutzen Sie Kreativitätstechniken
> - Etablieren Sie das Mindset, dass Innovation gewollt ist
> - Ermöglichen Sie Mitarbeitern die Teilnahme an Konferenzen oder Meet-ups
> - Wertschätzen Sie das Know-how Ihrer Mitarbeiter
> - Unterstützen Sie den Austausch mit innovativen Bereichen oder Start-ups
> - Seien Sie etwas risikofreudiger
> - Vertrauen Sie Ihren Mitarbeitern
> - Kommunizieren Sie offen aktuelle Herausforderungen
> - Seien Sie offen für Neues und somit Veränderungen
> - Bieten Sie Möglichkeiten wie Homeoffice, Coworking-Spaces oder Kreativräume an
> - Fördern Sie die Netzwerkkultur Ihres Bereichs durch Events mit anderen Abteilungen

5.6   Interview mit Klinker & Klunker – einem innovativ aufgestellten Unternehmen

Das Unternehmen Klinker & Klunker zeigt, dass sich innovative und neue Konzepte zu jeder Zeit umsetzen lassen. Die eigenverantwortliche Art und Weise des Arbeitens spricht für sich. Klinker & Klunker ist ein erfolgsversprechendes Beispiel für ein Unternehmen der Zukunft, das vernetzt mehr schafft und so einen erhöhten Kundennutzen bietet.

Wie ist die Idee für Klinker & Klunker entstanden? Zudem hat euer Gründungsteam eine besondere Zusammensetzung. Wie kam es dazu und wie sieht die Rollenverteilung aus?
Unsere Gründungsgeschichte ist für uns etwas ganz Besonderes. Wir lernten uns im deutschlandweiten Female Business Netzwerk Ladies Mentoring kennen. Als selbständige Projektmanagerin in der Baubranche begleitete Franziska vor einigen Jahren sowohl Anja als auch Nicole als Kundinnen bei der Realisierung ihres ganz persönlichen Wohneigentums und baute mit ihnen ihre Rückzugsoasen im Speckgürtel Berlins. Aufgrund der Bauthematik hatten wir Ladies über das Netzwerk somit viel miteinander zu tun.

Im Zuge der jeweiligen Bauphasen mit zahlreichen Höhen und herausfordernden Tiefen wuchsen wir drei mehr zusammen und erkannten, dass in der Branche von Franziska noch viel mehr steckt. Mitten im Lockdown, während der Coronapandemie 2020, sagten Nicole und Anja: „Franziska, deine Idee ist großartig. Daraus machen wir ein richtiges Business!".

Gesagt, getan. Viele Brainstormingphasen, Kreativtermine und Weinflaschen später war das Businessbaby geboren. Mit der Klinker & Klunker GmbH (kurz K&K) erblickte unser Studio für zeitgemäßes Projektmanagement im Bereich Umbau, Ausbau und Hausbau das Licht der Welt.

Wir sind bei K&K drei Gründerinnen mit unterschiedlichem Knowhow. Wir wissen, bei der Planung, Gestaltung und Umsetzung einer Immobilie geht es um weitaus mehr als den Bauprozess an sich. Es geht um Psychologie sowie Emotionen und das Händeln eines enormen Konfliktpotenzials. Und es geht darum, stets das große Ganze zu sehen, unkonventionelle Lösungen zu generieren, Synergien zu nutzen und mit einem beeindruckenden Netzwerk zu agieren. Denn Bauen ist immer Teamwork.

Für unsere Zusammenarbeit bei K&K haben wir definierte Rollen, die jedoch je nach Projektanforderung oder Situation auch einmal flexibel gestaltet werden können. Franziska ist unsere Frontfrau und erste Ansprechpartnerin für unsere Kund*innen. Als gelernte Handwerkerin, studierte Architektin und Facility Managerin besitzt sie eine große Bandbreite an Fachexpertise in den Bereichen Architektur, Immobilienbewirtschaftung und Projektmanagement. Mit ihrem holistischen Blick auf die Projekte bringt sie außerdem ein gutes Gespür für die Kommunikation zwischen Bauherr*innen und den einzelnen Gewerken mit. Das wissen unsere Kund*innen sehr zu schätzen und realisieren daher gern auch Folgeprojekte mit uns.

Nicole ist studierte Dipl.-Psychologin und war bereits vor der Gründung von K&K zum einen als Führungskraft in einem Großkonzern und zum anderen als Unternehmerin erfolgreich unterwegs. Durch den Aufbau ihrer Firma PSYCHOLOGICUM Berlin GmbH und der Zusammenarbeit mit zahlreichen Gründer*innen im Rahmen von Business-Coachings hat sie mehr als einmal ihren Unternehmergeist und ihr strategisches Know-how bewiesen. Als Visionärin und Strategin bei K&K denkt sie nicht nur Inhouse-Projekte ganzheitlich und über den Tellerrand, sondern ist hervorragend in der Lage, strukturiert Projektschritte in Zusammenarbeit mit zahlreichen Stakeholdern zu koordinieren und umzusetzen. Zudem ist es für die Realisierung von einzigartigen Wohn- und Gewerbeprojekte stets essenziell, sich in die Kund*innen hinein zu versetzen und Bedürfnisse zu wecken, die den Kund*innen zu Beginn einer Bauphase meist noch gar nicht bewusst sind. Es braucht hierfür das Gespräch, Bedarfsanalysen und mehr als eine ordentliche Portion Kommunikation und Konfliktmanagement – gerade unter Paaren – also ein psychologisches und sozialwissenschaftliches Skill Set.

Anja als Marketing- und Trendexpertin mit mehreren beruflichen Stationen als Geschäftsführerin hat in ihrem Werdegang zahlreiche Marken begleitet, aufgebaut und positioniert. Dabei hält sie stets die neuesten Trends, kleine aber feine Details und die Individualität von Kund*innen im Blick. Mit dem Ziel, den perfekten Wohlfühlort für unsere Klient*innen zu realisieren, bringt sie hierfür die nötigen Personen zusammen und setzt mit dem Team alles daran, individuelle Lösungen zu entwickeln und umzusetzen.

Was ist neu an eurem Geschäftsmodell? Was macht euch am Markt einzigartig?

Wir gehen mit unseren Kund*innen gemeinsam weg von standardisierten Katalogobjekten oder häufig kaum finanzierbaren und unfunktionalen Architekturprojekten. Wir realisieren auf Augenhöhe und ohne Fachchinesisch im Einklang mit den beteiligten Gewerken ganz individuelle Lösungen. So sehen wir uns als die neutralen, beratenden und begleitenden Expert*innen im Bauprojektprozess, als Bindeglied zwischen Kund*in und Gewerk. Wir planen und visualisieren, übernehmen Vorort- oder Amtstermine, bereiten Phasen- und Meilensteinpläne vor und begleiten den Umsetzungsprozess phasenweise oder von A bis Z. Wir nehmen unseren Kund*innen den Druck sowie die Furcht und bieten neutrale Lösungen für und zwischen allen Beteiligten. Somit sind wir der Sparringpartner unserer Kund*innen im gesamten Projekt, sogenannte Bullshitprotector.

Wir sind der Überzeugung, dass die Branche aus ihrem Dornröschenschlaf erwachen sollte. Auch wenn wir uns in einer Phase des Bau- und Immobilienbooms befinden, sollte sich für langfristigen und werthaltigen Erfolg in der Ansprache der Kund*innen dringend etwas ändern. Denn Bauherr*innen sind heute schon längst nicht mehr ausschließlich Männer, sondern auch Frauen und diverse Persönlichkeiten. So sind immer noch existierende Werbeslogans wie „Wir bauen Häuser für richtige Männer" einfach nicht mehr zeitgemäß. Das teilweise verstaubte und negativ besetzte Image der Handwerksbranche braucht zudem eine Generalüberholung. Denn nur so kann langfristig angemessener Nachwuchs und mehr Female Empowerment gewonnen werden.

Eine der größten Herausforderungen der Branche sind zudem die Themen Zeit und Kommunikation. Wir stehen für beide Themen im Namen unserer Kund*innen im engen Kontakt mit Gewerken und anderen Stakeholdern. Jemand, der sich heute einen Hausbau leisten kann, hat nicht unbedingt Zeit dafür, da er häufig viel arbeitet, nicht vor Ort und somit schwer erreichbar ist. Damit es auf der Baustelle jedoch funktioniert, sind kurze Kommunikationswege und schnelle Entscheidungen vonnöten. Wir übernehmen, wenn gewünscht, den kompletten Papierkrieg, aufwendige Antragsverfahren, erstellen und koordinieren Projektpläne, sodass alles reibungslos Hand in Hand läuft.

Wir halten die komplette Kommunikation mit allen Beteiligten im Rahmen eines Projekts.

Zudem wird häufig nicht berücksichtigt, dass ein Bau- oder Einrichtungsprojekt nicht etwas rein Sachliches, sondern etwas sehr Emotionales ist. Es geht schließlich um die Realisierung von Träumen. So sind nicht nur Statik, alles Technische und verwendete Materialien wichtig, sondern es geht vor allem auch um individuelle Werte, Persönlichkeit und Lebensstile der Kund*innen. Diese Dinge sind vielen zu Beginn eines Projekts noch gar nicht richtig bewusst. In unserer empathischen Zusammenarbeit werden genau diese wichtigen Faktoren ans Licht gebracht, wodurch Kund*innen am Ende nicht nur rundum zufrieden mit ihrem neuen Lieblingszuhause sind, sondern auch unnötige Baufehler, Änderungen und viele andere Reibereien im Verlauf eines Projekts vermieden werden können. Wir wollen mit unserer Arbeit weg von fatalen Glaubenssätzen wie: „Das erste Haus baut man für den Feind, das zweite für den Freund und das dritte für sich selbst". Im Standardfall baut man einmal und das von Beginn an richtig auf dem Fundament einer durchdachten und machbaren Finanzierung und unter größtmöglicher Berücksichtigung von individuellen Wünschen und Bedürfnissen.

Ihr habt euer Unternehmen in der Coronazeit gegründet. Warum war das der perfekte Zeitpunkt für euch?
Wir gründeten unser Unternehmen mitten im Lockdown während der Coronapandemie 2020. Nicole und Anja, zwei Powerfrauen, die sonst einen straffen Managementkalender haben, hatten durch die Einschränkungen der Pandemie Zeit und Raum für kreative Ideen. Als viele pandemiegelähmt eher den Kopf in den Sand steckten, nahmen wir gemeinsam unsere Ideen und eine ordentliche Portion Mut zusammen und gingen zum Notar. So wurde die Klinker & Klunker GmbH ganz bewusst ins Leben gerufen.

Zudem hatten wir gerade in der Zeit der Pandemie bemerkt, dass sich viele Kund*innen mehr Gedanken über das Thema Wohnen und angenehmes Arbeiten an sich machten. In einer Zeit, in der viele den Großteil ihrer Freizeit zu Hause verbrachten und auch die Arbeitswelt nicht mehr im Büro stattfand, waren daher ausgefallene Ideen und Kreativität gefragt. Viele unserer Kund*innen kamen dort an ihre Grenzen. Außerdem wuchs die Nachfrage nach Wohnraum außerhalb der City sowie nach alternativen Wohn- und Arbeitsmodellen, wie Mehrgenerationshäuser oder Coworking-Spaces noch mehr. Hier haben wir unsere Chance ergriffen, im Coaching sagt man „tragende Tendenzen genutzt" und sind das Abenteuer GmbH-Gründung gemeinsam eingegangen.

Wie sieht eure Zusammenarbeit in der Praxis aus? Wie laufen Entscheidungsprozesse ab? Habt ihr eine Art Feedback und Lernkultur in eurem Unternehmen etabliert? Könnt ihr dazu ein Beispiel geben?
Unser Büro – aus Effizienzgründen haben wir uns in eine bestehende Bürofläche mit eingemietet – befindet sich mitten im Herzen Berlins, am Hackeschen Markt. Hier haben wir einen kreativen Workspace, an dem wir unsere Kund*innen bei Bedarf empfangen und mit ihnen Beratungsgespräche führen oder Workshops abhalten. Zudem kooperieren wir z. B. mit Küchen- und Inneneinrichtungsstudios oder Immobilienagenturen, deren Räume nach Absprache für außergewöhnliche Termine ebenfalls genutzt werden können. Denn gemäß unserem Credo: „Das Ganze ist mehr als die Summe seiner Teile" sind wir von Anfang an davon überzeugt, dass Einzelkämpfertum und Alleingänge heute wirtschaftlich und sozial nicht sinnig sind. Netzwerken, gemeinsame Ressourcen nutzen, Geben und Nehmen, gegenseitiges Empfehlen sowie eine wohlwollende, inspirierende Zusammenarbeit – auch über Firmengrenzen hinweg – sind unsere Vorstellung von erfolgreichem Unternehmertum.

Wir arbeiten zudem alle gern remote und im Sinn agiler Methoden mit digitalen Projektlösungen. Unsere wöchentlichen Meetings halten wir online und ortsunabhängig ab. Auf unserem Kanban-Board (hier arbeiten wir auf dem digitalen Whiteboard „Miro") z. B. sammeln wir im Backlog gemeinsam Themen und besprechen diese effizient und lösungsorientiert. Mindestens einmal im Monat treffen wir uns zu einem Strategieworkshop live im Büro oder halten sogenannte Sprints ab, dabei arbeiten wir bestimmte Themen aus unserem Backlog in einem festen Zeitfenster ab.

Dieses hybride Modell aus gemeinsam geplanter Büropräsenz und remoter, digitaler Zusammenarbeit (auch mit Kund*innen) ermöglicht uns zum einen, schnell und transparent auf unsere Kundenanforderungen zu reagieren sowie Themen zeitnah aufzugreifen und abzuarbeiten, und gibt uns zum anderen die Flexibilität, von überall auf der Welt arbeiten und miteinander kommunizieren zu können – sei es von Mallorca, Bad Saarow oder Los Angeles (wo wir tatsächlich immer mal wieder sind).

Alle Informationen zu Projekten oder unternehmensübergreifenden Themen sammeln wir auf unserem digitalen Whiteboard und nutzen des Weiteren ein digitales Projektverwaltungstool (bei uns ist es Asana), wo jeder transparent seine Aufgaben und Projekte einsehen und tracken kann. Weitere Visualisierungsprogramme oder andere Tools sind ebenfalls digital. Auch unsere Buchhaltung läuft online. Uns ist wichtig, so wenig natürliche Ressourcen wie möglich zu verschwenden. Dabei sind wir große Fans vom Modell des papierlosen Büros. Das setzt natürlich eine gute Ablagestruktur und -kultur sowie viel Disziplin von allen Teammitglieder*innen voraus.

Damit diese Art der Zusammenarbeit funktioniert, braucht es nicht nur Digitalisierung und Agilität im Außen, in der Organisation an sich und den Strukturen, sondern in der Haltung, im Mindset eines jeden einzelnen. Das heißt, wir alle sind flexibel im Denken und Handeln, sind neuen Themen, Menschen und technischen Anforderungen gegenüber offen, gehen möglichst mit viel Neugierde und Spaß an jeden Tag und nehmen uns Themen. Wir verfolgen damit den Gedanken des sogenannten Ownership. Das heißt, keiner von uns wartet darauf, dass ihm eine Aufgabe zugeteilt wird, sondern je nach Thema, Interesse und Fähigkeit bringen wir Themen ein, übernehmen Verantwortung und sorgen eigenständig für eine angemessene Realisierung mit den nötigen Ressourcen. Kann ein Zeitfenster nicht gehalten werden oder fehlen Kapazitäten zur Umsetzung, wenden wir uns proaktiv an die anderen und finden gemeinsam alternative Lösungen. Geht nicht gibt es bei uns nicht und Wollen, also intrinsische Motivation, versteht sich von selbst. Und für ein stetiges Können, sind wir vehement bereit zu lernen und uns weiter zu entwickeln.

Neue oder herausfordernde Situationen verstehen wir als unseren Coach. Fehler sind dabei nicht vermeidbar. Wir besitzen jedoch die Fähigkeit, uns diese zu verzeihen. Hat man von Beginn an den Anspruch, stets alles gleich perfekt zu machen, wählt man häufig eher die Möglichkeit, Dinge dann gar nicht erst zu probieren. Aber Menschen die wir bewundern, weil sie Großes erreicht haben in ihrem Leben, haben mit Sicherheit viele Fehler, Irrtümer und Rückschläge zu verzeichnen. Und dennoch haben sie sich nicht vom Weg abbringen lassen. Wichtig ist uns daher im Hinblick auf eine aufrichtige Fehlerkultur, aus diesen zu lernen. Deshalb machen wir sie transparent und definieren daraus gemeinsame Learnings.

Unsere Wahrnehmung legen wir als gesunden Gegenpart immer auch wieder auf Teilerfolge. Wir fokussieren, wertschätzen und stärken im Sinn von Coaching die Stärken eines jeden Teammitglieds und reiben uns nicht an Schwächen auf (denn diese hat jeder von uns).

Mit Blick auf eine stetige Weiterentwicklung trainieren wir zudem unsere Konfliktfähigkeit. Über das einfache Konzept des spannungsbasierten Arbeitens erleichtern wir damit unsere Zusammenarbeit. Eine Spannung ist in diesem Verständnis eine Differenz zwischen einem möglichen Soll und einem Ist. Sie stellt damit für uns nichts Negatives, sondern einen inspirierenden Impuls zur Veränderung dar, wenn sie aktiv im Team thematisiert wird. In jedem Teammeeting füllen wir zu Beginn visualisiert (digital über Miro) unseren Spannungsspeicher, sodass niemand frustriert durch ein ganzes Meeting gehen muss. Zum gegebenen Zeitpunkt arbeiten wir alle Spannungen gemeinsam ab. Hierbei ist die einfache Frage „Was brauchst Du?" essenziell für eine konstruktive Lösung. Diese Frage kann nur von dem beantwortet werden, der die Spannung in das Team eingebracht hat. Manche Spannungen lassen sich lösen, indem einfach nur eine Information geteilt wird oder jemand etwas loswerden möchte, in anderen Fällen braucht die Person vielleicht mehr Informationen vom Team zu einem Thema. Wieder andere Spannungen machen konkrete Handlungsschritte, neue Verantwortlichkeiten oder Regeln notwendig. Die Dinge demnach auf der Sachebene offen anzusprechen und gemeinsam Lösungen dafür zu finden, ist unser Verständnis für gutes Arbeiten.

Ein anderer Aspekt von stetiger Weiterentwicklung ist unser Verständnis vom lebenslangen Lernen. Für Franziska, unsere Fachfrau, ist es unabdingbar, sich in den aktuellen Themen der Branche auszukennen und weiterzubilden. So steht bei ihr zum Beispiel als nächstes eine Zusatzausbildung zur Energieeffizienzberaterin an. Die Kosten dafür werden selbstverständlich vom Unternehmen getragen. Da gibt es keine Diskussion im Hinblick auf Personalentwicklungsthemen.

Nicole und Anja sind aus komplett anderen Branchen, haben im Sinn stetiger Weiterentwicklung somit eher die Kundenbrille auf und bringen aus ihrem bisherigen Business umfangreiche Erfahrung in den Themen Unternehmensführung, Leadership und Kundenorientierung mit. Zudem sind sie als Branchenfremde stets neugierig darauf aus, Dinge verstehen zu wollen, anders zu denken und sich weiterzubilden. Das fordert heraus, bringt häufig starre Strukturen in den Fluss – auch in Zusammenarbeit mit Gewerken – und lässt alle gemeinsam lernen. Wir unterstützen damit auch kooperierende Gewerke und Partner*innen in ihrer Entwicklung. Viele von ihnen haben ungeheuer viel Potenzial und arbeiten häufig am Limit, haben jedoch nie die Möglichkeit gehabt, Unternehmensführung, Marketing oder Personal Branding zu lernen bzw. zu betreiben oder Skills an die Hand bekommen, wie man ein Team führt oder moderne, arbeitserleichternde Methoden implementiert.

Welche Haltung und Werte sind euch bei eurer Zusammenarbeit wichtig?
Seit unserer Gründung lernen und profitieren wir jeden Tag voneinander. Wir motivieren und unterstützen uns gegenseitig und empowern uns zu Höchstleistungen. So ist jeder Tag ein neuer Anfang und es geht stets weiter. Bei all dem stehen bei uns Loyalität, Vertrauen und Toleranz sowie Nachhaltigkeit im Mittelpunkt gepaart mit einer ordentlichen Portion Humor. Denn das wichtigste für uns ist, dass wir an unserem Business Spaß haben. Dabei nehmen wir uns selbst nicht so wichtig und versuchen, in bestimmten Momenten unser Ego beiseite und dann Relevantes in den Fokus zu stellen. Wir operieren schließlich nicht am offenen Herzen. So kann ein Projektschritt auch einmal warten, wenn wichtige zwischenmenschliche oder persönliche Themen anliegen oder vielleicht auch mal ein/e Kund*in oder ein/e Geschäfts-

partner*in ein offenes Ohr anstelle einer deadlinegerechten Zuarbeit benötigt.

Diese Werte leben wir intern wie auch extern mit unseren Handwerker*innen, B2B-Partner*innen und natürlich auch unseren Kund*innen. Wertschätzung und eine Kommunikation auf Augenhöhe sind dabei für uns essenziell, unabhängig davon, wer der größere Fachexperte ist. Denn wer herzlich und empathisch agiert, vertraut anderen und Vertrauen motiviert. Das merken wir jeden Tag im Umgang mit unseren Stakeholdern.

Außerdem legen wir Wert auf ein starkes Netzwerk und gemeinsame Synergien. Die Umsetzung von spannenden Kooperationen mit jungen und auch etablierten Partner*innen entwickelte bisher stets eine Win-win-Situation für alle Seiten. Viele in unserem Arbeitsumfeld sind in Aufbruchstimmung und möchten die Branche in das 21. Jahrhundert führen. Sie suchen nach neuen Wegen und Lösungen. Und wir bringen uns als Teil davon proaktiv mit ein.

5.7 Innovation und globale Verantwortung

Innovationen sind nicht automatisch nachhaltig. Dies sehen wir an der Plastikflut in den Meeren sowie an Land. Um Innovation nachhaltig zu gestalten, ist eine Bewertungsmatrix hilfreich, die Sie nach Ihren oder den Werten der Firma aufbauen können. Abhängig davon, ob und wie Sie soziale, ökonomische oder ökologische Nachhaltigkeit messbar machen wollen, wird sie sich vom Beispiel in Tab. 5.1 unterscheiden [2].

Mithilfe einer Matrix können Sie Ihren heutigen Standpunkt hinsichtlich Ihrer firmeninternen Nachhaltigkeit sichtbar machen. Dies ist Ihr X auf der Landkarte, von dem aus Sie beginnen. Wenn Sie Ihr X nicht kennen, wird es schwer, einen sinnvollen Weg zu finden. Es verhält sich wie mit einer Landkarte. Hier benötigen Sie einen Startpunkt, um den Weg zu Ihrem Ziel zu finden. Um eine gute Datenbasis oder Grundlage zu Ihrem X auf der Landkarte zu bekommen, holen Sie sich am besten Feedback von Kollegen und Mitarbeitern ein. Das ist ein einfacher und kostengünstiger Weg. So können Sie erkennen, wo

Tab. 5.1 Beispiel Nachhaltigkeitsmatrix

Kriterium der sozialen/öko-nomischen oder ökologischen Nachhaltigkeit	Gewichtung insgesamt 100 %	Erfüllungsgrad in %	Kommentar
Aufgaben stärkenorientiert verteilt	20 %	35 %	Ziel für Führungskräfte in 2023
Teilzeitarbeit ermöglicht	10 %	50 %	Nicht für alle Bereiche
Kommunikationsseminar vorhanden	10 %	0 %	Nicht im Unternehmen vorhanden – muss eingekauft werden
Bahn statt Auto	20 %	35 %	Leasingverträge müssen gekündigt werden
Das Verhältnis Arbeitsvolumen zu Arbeitszeit ist angemessen	20 %	70 %	Nicht im Betrieb
Umgestellt auf virtuelle Besprechungen	10 %	60 %	Zielwert 80 %
Produkte aus nachhaltigen Betrieben	10 %	40 %	Einkauf ist darauf sensibilisiert, Bewertungskriterien müssen vom Vorstand festgelegt werden

Erstellt von Martina Swoboda in Anlehnung an [2]

Sie aktuell stehen und festlegen, wo Sie in Sachen Nachhaltigkeit hin möchten. Richten sie zukünftige Produkte nach ihren Nachhaltigkeitszielen aus.

Jeden Beitrag, den Sie zur sozialen, ökonomischen und ökologischen Nachhaltigkeit leisten, ist ein Beitrag zur globalen Nachhaltigkeit. Sie machen mit Ihrem Bereich und Unternehmen den Unterschied. Genau dieser Unterschied ist in der heutigen Zeit wichtig. Jeder einzelne von uns trägt globale Verantwortung – auch wenn er oder sie es nicht wahrhaben möchte. Wenn Sie beginnen, eine innovative Arbeitskultur zu etablieren, vergessen sie diesen wichtigen Gesichtspunkt der Nachhaltigkeit nicht. Denn alle Innovation hilft nicht, wenn sie uns und unserem Planeten schadet.

„Sinn ist die stärkste Motivation menschlichen Handelns." (Victor Frankl)

Nachhaltigkeit bringt Sinnhaftigkeit mit. Sinn im eigenen Tun zu finden, ist für Menschen elementar, um motiviert und freudvoll an die Arbeit zu gehen. Als Dozentin betreue ich jedes Semester etwa 100 Studenten. Es ist merkbar, wenn die Prüfungsaufgaben sich nicht nur um fachliche Dinge drehen. Sobald die Nachhaltigkeitsziele der UN ein Teil davon sind, werden Interesse und Motivation automatisch größer. Auch mir macht es mehr Freude mit jungen Menschen, Nachhaltigkeit in ihrem Bereich zu verankern. Dies passiert automatisch während der Lösungsfindung, da der Nachhaltigkeitsgedanke in ihren Köpfen ist.

An je mehr Stellen wir dem Nachhaltigkeitsgedanken begegnen und ihn leben, desto einfacher wird es werden, ihn in unserem Tagesgeschäft zu etablieren. Das Innovational-Leadership-Konzept zielt darauf ab, Unternehmen nachhaltig und langfristig am Markt zu platzieren. Dies wird nur mit einer gesunden Nachhaltigkeitsstrategie funktionieren. Denn es wird kommen, dass die Menschen nur noch von solchen Unternehmen kaufen oder gar für sie arbeiten werden.

5.8 Soziale Innovation entstehen lassen – Interview mit Professor Dr. Voit

Innovation aus dem Unternehmen und im besten Fall aus dem eigenen Team heraus entstehen zu lassen, ist für eine Führungskraft oft nicht einfach. Es gibt jedoch Methoden und Menschen, die sich genau damit beschäftigen. Professor Dr. Voit ist einer davon. Er erforscht im Projekt

EMPAMOS spielerische Methoden, um Teams zu kreativen und innovativen Ideen zu führen. Ich selbst durfte mit meinem neuen Team die Methode ausprobieren und mich begeistern lassen. Das folgende Interview mit Professor Dr. Voit gibt einen Einblick in Funktion und Nutzen von EMPAMOS.

Professor Dr. Thomas Voit ist in den Lehrgebieten Wirtschaftsinformatik, insbesondere Geschäftsprozessmanagement, Projektmanagement und Gamification von Informations- und Anwendungssystemen an der TH Nürnberg tätig. Sein Forschungsschwerpunkt liegt aufGamification als Übertragung motivierender Spielelemente in einen spielfremden Kontext mit Fokus auf der Gestaltung und Entwicklung motivierender Informations- und Anwendungssysteme und der Entdeckung und Beschreibung motivierender Spielmechanismen auf Basis empirischer Daten- und Textanalysen im Kontext von Brett- und Gesellschaftsspielen (Projekt EMPAMOS).

EMPAMOS nutzt Spiel-Design-Elemente um soziale Innovation zu kreieren. Was können sich die Leser*innen unter sozialen Innovationen vorstellen? Wie funktioniert EMPAMOS?
Eine soziale Innovation verändert grundlegend die Art und Weise, wie wir Menschen in Beziehung stehen oder miteinander interagieren – sei es im privaten oder im beruflichen Umfeld. Eine soziale Innovation gestaltet das menschliche Miteinander neu, sodass sich daraus etwas grundlegend Neues ergibt, etwas, das vorher so nicht möglich war. Anders als bei technologischen Innovationen stehen bei sozialen Innovationen nicht die Technik, sondern das menschliche Handeln und die Regeln im Vordergrund, auf deren Einhaltung wir uns anderen gegenüber verpflichten.

EMPAMOS liegt die einfache Idee zugrunde, dass wir aus Spielen sehr viel darüber lernen können, wie man soziale Interaktion so gestalten kann, dass wir Menschen Spaß und Freude daran haben. Seit über 5000 Jahren denken wir Menschen uns Spiele aus, die wir dann freiwillig spielen. Die Regeln eines Spiels sind aber nicht weniger starr und rigide als die, mit denen unsere Arbeitswelt heute durchzogen ist. Aber warum macht die eine Sorte an Regeln Spaß und Freude, während uns die andere oft demotiviert und Frust beschert? EMPAMOS zeigt, dass sich in Spielen unzählige pfiffige Lösungen für konkrete Motivationsprobleme entdecken lassen, die wir auch in der echten Welt gut gebrauchen können.

Wie läuft ein Prozess mit EMPAMOS ab, um innovative Konzepte für die Arbeit in einem Team, einem Projekt oder in einer Organisation zu entwickeln?
In der ersten Phase steht die Auftragsklärung im Vordergrund. Zunächst muss geklärt werden, wen man eigentlich warum wozu motivieren möchte. Wer ist die Zielgruppe, um welches Zielverhalten geht es und in welche Rahmenbedingungen muss sich die Lösung zwingend einfügen?

In der zweiten Phase explorieren wir den Problemraum. Bevor wir überhaupt an mögliche Lösungen denken, müssen wir herausarbeiten, was am Status quo zu verbessern ist: Handelt es sich um ein motivationales Problem, für das man eine konkrete Lösung sucht, oder ist es die Chance, ein Produkt, einen Service, einen Prozess oder ein Projekt aus motivationaler Hinsicht zu optimieren. Wir müssen verstehen, für welches Zielverhalten Motivation aufgebaut werden soll. Hier legen wir die motivationalen Probleme bzw. die motivationalen Chancen offen, die die spielerische Lösung lösen bzw. realisieren soll: Geht es um Kompetenz- oder Autonomieerleben bzw. um soziale Eingebundenheit oder das Erleben von Bedeutung?

Erst in der dritten Phase beginnen wir dann mit dem eigentlichen Kreativprozess und der Lösungssuche. Hier suchen wir systematisch solche Spielelemente, die auch schon in Spielen dafür eingesetzt wurden, die oben genannten Motivationsfaktoren zu adressieren. Die Spielelemente verbinden wir dann zu einem engmaschigen Lösungsnetzwerk. Bei der Suche nach den richtigen Elementen und Verbindungen unterstützt uns unser KI-basiertes Assistenzsystem.

Bevor die Lösung schlussendlich umgesetzt wird, folgt in der vierten und letzten Phase die Prüfung, ob das entwickelte Konzept passend ist: passend zur Zielgruppe und ihren Motiven, passend genug, um das beabsichtigte Verhalten zu erzeugen und passend zu den Rahmenbedingungen.

Wie kann EMPAMOS in den Bereichen Organisations-, Team- und Personalentwicklung genutzt werden? Was zeichnet EMPAMOS hier aus? Jede Form von Spiel ist Probehandeln, das auf der gemeinsamen Verabredung basiert: „Wir tun jetzt mal so als ob, obwohl wir wissen, es ist nicht so". Dieselbe spielerische Haltung liegt unserem Designprozess zugrunde: Wir tun von Anfang an so, als wäre Arbeit ein Spiel, und zwar ein kaputtes Spiel, das keinen Spaß macht, weil es schlecht designt ist. Wir denken über Arbeit nach, wie ein:e Spielentwickler:in über ein kaputtes Spiel nachdenken müsste, das noch nicht rund läuft. Diese Form von Game Thinking ist ein sehr produktiver Perspektivwechsel, weil wir aus diesem spielerischen Blickwinkel sowohl die motivationalen Probleme als auch mögliche Lösungen klarer erkennen und benennen können. Handelt es sich z. B. um ein Projekt, bei dem Mitarbeitende zwar kooperieren sollen, aber stattdessen lieber allein vor sich hinarbeiten, dann ist das exakt dasselbe Problem, das auch bei der Entwicklung von kooperativen Spielen gelöst werden muss.

Was EMPAMOS auszeichnet: Wir gehen bei der Lösungssuche stets von dem aus, was an spielerischem Potenzial bereits vorhanden, aber möglicherweise noch nicht ganz entfaltet ist. Viele Elemente aus Spielen gibt es auch in der echten Welt. Denken Sie z. B. an Rollen im agilen Projektmanagement, wie z. B. des Product Owners oder Scrum Masters. Hier können wir aus Spielen lernen, auf welche motivationalen Aspekte es bei der Implementierung von Rollen ankommt, damit diese von uns Menschen auch souverän gespielt und ausgeführt werden können.

EMPAMOS nutzt ein KI-basiertes Assistenzsystem. Welche Daten wurden für das Einlernen der KI genutzt? In welcher Weise unterstützt das Assistenzsystem den Kunden? Wir haben seit 2016 rund 100 motivierende Spielelemente identifiziert und für diese über 50.000 empirische Belege in den Spielen des Deutschen Spielearchivs gefunden. Diese Daten nutzen wir, um eine künstliche Intelligenz (KI) darauf zu trainieren, einerseits die Spielelemente in den Spielanleitungen zu erkennen und andererseits uns Menschen konkrete Hinweise zu geben, welche Elemente wir zur Lösung welcher Motivationsprobleme auswählen und miteinander kombinieren sollten. Das funktioniert ähnlich wie im Online-Versandhandel: Statt zu analysieren, welche Kunden welche Produkte häufig gemeinsam in einen Warenkorb legen, finden wir heraus, welche Spielelemente die Game Designer häufig gemeinsam in Spielen miteinander kombiniert haben.

Dadurch, dass wir auch die spieltypischen Probleme kennen, die die Elemente in den Spielen lösen, können wir mit diesen Daten auch vorhandene Konzepte analysieren und Voraussagen treffen, mit welchen Motivationsproblemen bei einer vorhandenen Lösung zu rechnen ist.

In welchen Projekten oder Situationen war EMPAMOS besonders wirksam und wo nicht? Wo sehen Sie den Zusammenhang zur Gamification?
EMPAMOS basiert auf einem systemischen Ansatz: Es ist nicht der Mensch, der ein motivationales Defizit hat, sondern sein Arbeitsumfeld, das ihm nicht ausreichend Gelegenheit gibt, seine motivationalen Bedürfnisse zu erfüllen. Daher gilt es stets, das Zusammenspiel zwischen dem Kontext und den individuellen Motiven der Zielgruppe zu verstehen. Nicht jedes Problem lässt sich aber auf fehlende Motivation zurückführen. Liegen z. B. negative Vorerfahrungen vor, oder die Handlung ist objektiv unmöglich, weil grundlegende Ressourcen wie Material, Zeit oder Vertrauen fehlen, dann muss an anderer Stelle erst die Voraussetzung dafür geschaffen werden, dass das intendierte Verhalten gezeigt werden kann.

EMPAMOS ist dort am effektivsten, wo die Zielgruppe möglichst von Beginn an mit am Tisch sitzt. Es sollte nicht der Chef oder die Chefin die Mitarbeitenden mit Motivationskonzepten bespielen. Stattdessen sollte den Mitarbeitenden die Möglichkeit gegeben werden, ihr Arbeitsumfeld selbst motivational mitzugestalten. Dann kann es ein effektives Werkzeug für eine langfristig orientierte Organisationsentwicklung sein. In den letzten Jahren haben wir EMPAMOS in einer Reihe von Projekten umgesetzt, die sich über den Unternehmenskontext hinaus auch auf die Bereiche Soziale Arbeit, Bildung und Kultur erstreckten. Besonders spannend war zum Beispiel die Entwicklung eines interaktiven Ausstellungskonzepts für das Stadtmuseum Tübingen, das es den Besucher:innen ermöglicht, sich in konkrete Dilemmasituationen der NS-Zeit besser hineinzuversetzen.

Gibt es noch etwas, was Sie den Leser*innen mitgeben möchten?
Wenn sich Ihre Arbeit mal wieder wie ein kaputtes Spiel anfühlt, dann stellen Sie sich folgende Frage: Wenn meine Arbeit ein Spiel wäre, welches Spiel wäre es dann? Welches Spiel, das Sie kennen, kommt dem, was Sie tun, am nächsten? Welcher Kategorie würde es angehören? Wäre es ein Aufbau-, ein Rätsel-, ein Strategie- oder ein Lauf-und-Zielspiel? Was können Sie aus den Regeln dieses Spiels für Ihre Arbeit lernen? Werden Sie kreativ und verändern Sie Ihr Spiel!

Gamification und Innovation gehen spielerisch zusammen und heben die Motivation der Mitarbeiter messbar an. Mit mehr Leichtigkeit und Freude lassen sich leichter Lösungen finden und umsetzen. Im Sinn der sozialen Nachhaltigkeit ein herausragendes Beispiel, um die Bedürfnisse der Mitarbeiter wieder mit einzubeziehen und gleichzeitig einen Mehrwert für das Unternehmen zu schaffen. Eine Win-win-Situation auf beiden Seiten von Wissenschaft und Forschung geschaffen.

5.9 Hindernisse auf dem Weg zur Innovation

5.9.1 Innovationssperren

Es gibt nicht nur Dinge und Handlungsweisen, die Innovation unterstützen. Es gibt auch sogenannte Innovationssperren.

Die Tab. 5.2 gibt einen kurzen Überblick über Faktoren, die Ihnen bei Ihrem Weg zu Kreativität und Innovation in den Weg kommen können. Es sind keine Dinge, die ich nicht schon im Buch angesprochen habe. Die Tabelle soll die Zusammenhänge sichtbar machen. Geben Sie somit nicht auf, wenn es nicht gleich mit dem kreativen und innovativen Arbeiten klappt. Checken Sie intern, ob eventuell das ein oder andere bei Ihnen zutrifft. Dies kann in einer abgemilderten Form der Fall sein. Die genannten Punkte sind die häufigsten vorkommenden und zugleich diejenigen, die am meisten Schaden anrichten.

Tab. 5.2 Überblick über mögliche Innovationssperren

Innovationssperren	Wie es sich äußert	Die Folgen
Die Kommunikation im Team funktioniert nicht	Sie missverstehen sich, Aufgaben werden nicht zufriedenstellend erledigt, dies führt zu Konflikten	Die Konflikte nehmen den Raum und die Energie ein, die zur Entwicklung von neuen und innovativen Lösungen benötigt werden
Mangelndes Vertrauen von Ihnen als Führungskraft gegenüber Ihrem Team	Ihre Mitarbeiter werden von Ihnen kontrolliert – Sie gehen davon aus, dass Ihre Mitarbeiter nicht Ihr Bestes geben und im Homeoffice nur fernsehen	Sie bekommen am Ende genau das, was Sie Ihren Mitarbeitern überstülpen wollen – Sie bekommen ein Team, das nur Dienst nach Pflicht macht, aber kein eigenverantwortliches und selbstorganisiertes Team, das Sie für innovative Ideen benötigen
Kein Raum für Kreativität	Der Tag ist durchgetaktet mit Besprechungen – das Aufkommen an Arbeit nicht zu schaffen	Sie bekommen überlastete Mitarbeiter, die nicht gewillt sind, weitere Energie ins Unternehmen zu stecken – scheinbar zusätzliche Arbeit wird strikt vermieden und bekämpft – kreative Arbeitsformen werden abgelehnt, da keine Zeit da ist
Das Basisgeschäft ist nicht gesichert	Ihre Mitarbeiter sind stark überlastet, die Firma hat nicht genug Aufträge um schwarze Zahlen zu schreiben	Es geht um den Überlebenskampf und nicht um Innovation

(Fortsetzung)

Tab. 5.2 (Fortsetzung)

Innovationssperren	Wie es sich äußert	Die Folgen
Mangelnde Wertschätzung	Sie schätzen die Ideen Ihrer Mitarbeiter nicht und tun sie salopp ab, Sie hören nicht zu, kein Danke oder gut gemacht geht über ihre Lippen	Ihre Mitarbeiter sind frustriert und nicht motiviert, Ihre Ideen einzubringen – denn wofür auch – für einen blöden Spruch der Führungskraft?
Drama im Team	Sie haben ständig Drama und Probleme im Team, Ihre Mitarbeiter bekommen sich in die Haare, sie jammern und sind unzufrieden, dies tragen sie auch in der Firma nach außen	Ihr Team vergeudet seine Energie und Zeit mit internen Streitereien und lästert bei anderen über Ihren Bereich – niemand wird zu Ihnen wechseln wollen – Kreativität und Innovation liegen in der Ferne – eine verantwortliche Arbeits- und Gesprächskultur muss aufgebaut werden

Erstellt von Martina Swoboda

5.9.2 Der Mensch und die Veränderung

„Handle stets so, dass sich deine Möglichkeiten erweitern." (Heinz von Förster)

Offen für Neues zu sein heißt, gleichzeitig offen für Veränderung zu sein. Veränderung ist für viele Menschen ein schwieriges Thema. Viele Befürchtungen gehen damit einher. Veränderungen wurden in der Vergangenheit als etwas Negatives erlebt, da sie vielleicht durch Schicksalsschläge, Insolvenzen oder Krankheit hervorgerufen wurden.

Etwas Neues oder Anderes zu machen, heißt, seine Komfortzone zu verlassen. Viele Menschen verstecken sich hinter den Glaubenssätzen:

- *Das haben wir schon immer so gemacht.*
- *Das kann ich nicht.*

„Wer immer das Gleiche tut, wird auch immer das Gleiche bekommen." (Thomas Alva Edison)

Was fehlt, ist ein Ausblick in die mögliche neue Welt oder auch ein Einblick in die Konsequenzen, die eintreten, wenn wir als Team, Bereich oder Firma uns nicht verändern. Uns nicht an die neuen Gegebenheiten in der Wirtschaft und der Welt anpassen. [3]

> Wie viele Unternehmen werden weiterhin auf dem Markt bestehen können, ohne die digitale Transformation zu nutzen?

Es ist anfangs unbequem, Dinge umzustellen, Daten und Prozesse zu digitalisieren. Doch genau diese Umstellung, die Nutzung von digitalen Tools, sichert das Fortbestehen ihres Unternehmens am Markt. All die Firmen, die sich weiterhin weigern und denken, der digitale Trend würde vorüberziehen, werden vom Markt verschwinden [3].

> **Fazit**
>
> Die Offenheit, Neues auszuprobieren und anders zu handeln als gewohnt, ist essenziell in der heutigen Zeit. Dies zählt schon heute zu den erwarteten Kernkompetenzen von Führungskräften [3].

5.9.3 Vom Mut, Dinge anders zu tun

„Wenn du ein Schiff bauen willst, dann rufe nicht die Menschen zusammen, um Holz zu sammeln, Aufgaben zu verteilen und die Arbeit einzuteilen, sondern lehre sie die Sehnsucht nach dem großen weiten Meer." (Antoine de Saint-Exupéry)

Es erfordert eine große Portion an Mut, Neues auszuprobieren und Dinge anders zu tun.

Mut ist eine Ressource, die wir oft nicht haben. Als Führungskraft sollten Sie Vorbild sein und zeigen, das nichts Schlimmes passiert, wenn Sie Dinge anders als gewohnt machen. Gehen Sie mutig vor. Leben Sie als Führungspersönlichkeit vor, dass der Mut etwas Neues fördert und gefordert wird. So kommen Sie mit Ihrem Team am leichtesten in den Bereich der Innovation.

Es wird nicht alles gelingen, was Sie ausprobieren. Nehmen Sie sich eine disruptive Vorgehensweise zum Vorbild. Der Satz „Fail early, recover fast" bringt das Mindset auf den Punkt. Mutig sein, etwas ausprobieren und daraus lernen. Sogenannte Fehler sind Teil des Innovationsprozesses und somit Teil der Lösung. Etablieren Sie eine gesunde und förderliche Fehlerkultur. Machen Sie auch ihre Fehler fürs Team sichtbar. Das baut Vertrauen auf und weist ihrem Team die Richtung.

Besteht Vertrauen zu Ihnen, wagen sich Ihre Mitarbeiter mit Ihnen nach vorn. Kreativität und Innovation bekommen Raum. Sind Angst und Misstrauen zu hoch, wird nichts passieren. Nichts im Sinn von keiner Innovation [3].

> Der Mensch ist die Quelle und der Schöpfer jeglicher Innovation und kein Störfaktor, den es zu beseitigen gilt. Unterstützen Sie den Mut zu Neuem, nehmen Sie Ängste vor Fehlern und Strafe. Führen Sie Ihre Mitarbeiter an den Rand Ihrer Komfortzone und darüber hinaus, um noch nicht gesehene Lösungen zu finden.

> **Fazit**
> Innovation kann nur entstehen, wenn Sie etwas Anderes oder Neues tun. Innovation ist von ihrer Natur aus neu und anders. Innovation entsteht aus dem Menschen heraus. Um Innovationen zu erschaffen, benötigen Menschen Raum für Kreativität. Dieser gründet auf Vertrauen, Offenheit und Mut der Führungskraft.
> Das Innovational-Leadership-Konzept bereitet die Basis und schafft somit Raum für Kreativität und Innovation [3].

5.9.4 Angst als Superpower

Innovativ zu arbeiten und die Angst vor dem Neuen bedingen sich gegenseitig. In visionären und neuen Entwicklungsstadien befinden wir

uns außerhalb unserer Komfortzone und unseres bisherigen Wissens-
bereichs. Exakt an dieser Grenze entsteht Innovation. Im Bereich des
Nichtwissens, des Unbekannten.

Wenn wir noch nicht wissen, wie etwas funktioniert, die Lösung
noch nicht sehen können, dann kann es sich so anfühlen, als wären wir
im freien Fall. Unsere gesammelten Ängste kommen nach oben. Dies ist
anfangs ein unangenehmes und beängstigendes Gefühl.

Doch genau an dieser Stelle liegt das Potenzial an Lösungen und
Ideen, die noch nicht gesehen, entwickelt und genutzt wurden. In jener
unbekannten Zone am Rand des für uns Greifbaren und Bekannten
befindet sich das ungenutzte Potenzial.

Als Führungskraft ist es wichtig, seinen Mitarbeitern an dieser Stelle
ein Fels in der Brandung zu sein. Geben Sie Hilfestellung als ein Vorbild, sodass Ihre Mitarbeiter sehen können, dass es in Ordnung ist,
nicht alles zu wissen, Angst zu haben und so in einen kreativen Prozess
einzutauchen.

Die Tab. 5.3 soll für Sie eine Hilfestellung sein und Ihnen den
Weg in die Welt des Unbekannten erleichtern. Sie ist im Prozess mit
meinem Team entstanden und hat uns gute Dienste geleistet, Ängste zu
reduzieren und unsere Ausrichtung beizubehalten.

Versuchen Sie folgendes Experiment.

Wenn Sie das nächste Mal fühlen, dass Sie von Ihrer Angst über-
mannt werden, wechseln Sie Ihren Blickwinkel auf die Angst und
betrachten Sie sie als Potenzial. Diese Unterscheidung – siehe nach-

Tab. 5.3 Die bekannte und neue Sichtweise auf Angst

Angst – die bekannte Sichtweise	Angst – neue Superpower Sicht-weise
Angst ist feige	Unsere Angst schützt uns
Angst zu haben, ist unprofessionell	Angst erhöht unsere Aufmerksamkeit
Jemand der Angst hat, ist nicht ver-trauenswürdig	Angst lässt uns kreative und innovative Lösungen finden
Angst zu haben ist unzivilisiert	Unsere Angst weist uns auf mögliche Gefahren hin
Angst ist im Allgemeinen negativ besetzt	Angst ist eine neutrale Energie

Erstellt von Martina Swoboda

folgende Tabelle – hat mir und meinem Team geholfen, durch unsichere Zeiten zu gehen. Wieder ruhig und entspannt durchatmen zu können trotz der neuen Situation. Derartige Tools haben mir als Führungskraft geholfen, meinen Mitarbeitern ein Fels in der Brandung zu sein und Sicherheit und Coaching zu geben [2].

Die Unterscheidung hilft Ihnen wie ein Update einem Computer. Durch diese Unterscheidung ändert sich ihr Denken. Sie erhalten somit ein wertvolles Thoughtware-Update. Überlegen Sie sich, welche Spalte Sie in der kreativen Phase mehr unterstützt und welche Sie hemmt und gar zum Aufgeben bewegt. Nun können Sie wählen. Werfen Sie immer mal wieder einen Blick darauf, wenn sie an irgendeiner Stelle hängen. Vielleicht liegt es daran, dass Sie auf der Flaschen Seite der Tabelle unterwegs sind.

5.10 Unbox – Limitierungen aufheben

5.10.1 Die Box

Im Kontext von Innovational Leadership ist eine der Kernfähigkeiten, die es zu erlernen gilt, die Veränderungskompetenz – Veränderungs-kompetenz in Richtung expansives Handeln und Denken. Defensives Handeln innerhalb der Komfortzone, den alt bekannten und aus-getretenen Wegen, wollen wir verlernen.

Die Box in Tab. 5.4 steht als Symbol für unsere Komfortzone.

Die Box ist eine Barriere zwischen Ihnen und Ihrer Umwelt. Sie bildet die äußere Grenze Ihrer Komfortzone und trennt Sie von unbekannten Dingen. Sobald wir die Komfortzone verlassen, geht ein inneres Alarmsignal los, denn wir bewegen uns auf unbekanntem Terrain. Dies äußert sich durch Angst, durch Glaubenssätze, die in den Kopf kommen, Regeln, die dadurch übertreten werden, Gründe über Gründe, um in die Komfortzone zurückzukehren.

Wenn wir uns so verhalten, kommen wir nicht in den Bereich der Innovation. Dieser liegt außerhalb unserer Komfortzone. Somit ist das Wissen darüber, dass wir einen eigenen, internen Mechanismus Namens

Tab. 5.4 Die Box – Synonyme, Bestandteile und Zweck

Andere Bezeichnungen	Bestandteile der Box	Zweck der Box
Komfortzone	Glaubenssätzen	Komfort
Weltanschauung	Haltungen	Schutz
Glaubenssystem	Schlussfolgerungen	Kontrolle
Ego	Erwartungen	Überleben
Psyche	Gründe	
Geisteshaltung	Regeln	
Identität	Meinungen	
Überlebensstrategie	Vorlieben	
Verteidigungsmechanismus	Vermutungen	
Persönlichkeit	Erwartungen	

Erstellt von Martina Swoboda

Box haben, der uns zurückhält, neue Dinge auszuprobieren, sehr wichtig. Eine gute Methode, um mit der Box in Richtung Innovation zu gehen, ist dies in kleinsten Schritten zu tun – in Babyschritten.

Die Box ist somit eine bestimmende Kraft in Ihrem Leben, die näher betrachtet werden muss. Denn Ihre Box legt aufgrund der Glaubensätze, Regeln usw. fest, wie Sie leben und welche Möglichkeiten Sie haben. Um in den Bereich der Innovation zu kommen, benötigen wir ein größeres Portfolio an Möglichkeiten.

Ihre Box hat Ihnen bisher sehr gut gedient, da es Ihnen heute gut geht und Sie sich aktuell mit dem Thema Innovational Leadership auseinandersetzen. Wenn Sie jedoch Ihre Box so belassen wie bisher, vermeiden Sie *inakzeptable* Eindrücke und Erfahrungen und somit neue Erfahrungen, Erkenntnisse und Möglichkeiten.

> Wenn Sie Ihre Box – oder auch Komfortzone genannt – verändern, verändern Sie Ihr Portfolio an Möglichkeiten. Erweitern Sie Ihre Box durch Experimente am Rand Ihrer Komfortzone. Addieren Sie so neue Erfahrungen und Werte zur Bandbreite der Box.

Experimente, mit denen Sie starten können, finden Sie in einem späteren Abschnitt. Doch seien Sie gewarnt. Es sind Experimente, die sie nicht sofort ansprechen werden. Denn sie sind anders. Deshalb startet das Experimenteportfolio von eher normal zu etwas herausfordernder. Keines der Experimente wird Ihnen schaden. Versuchen Sie, die Experimente mit Freude und Leichtigkeit durchzuführen. Versuchen Sie sich dabei nicht zu ernst zu nehmen. Experimentieren Sie. Erlauben Sie sich zu experimentieren und gegebenenfalls zu scheitern. Sollte das passieren, ist es ok. Dann verändern sie eine Variable und versuchen es nochmal. Kein Meister ist vom Himmel gefallen. Lernen sie mit diesen Experimenten, eine neue Einstellung zum Thema *Fehler* zu entwickeln. Einige der bereits gelesenen und folgenden Abschnitte werden für sie neue Informationen beinhalten. Diese werden zum Nachdenken anregen. Können jedoch zuerst auf Widerstand stoßen. Sollte das passieren, so denken Sie bitte an Ihre Box oder auch Komfortzone. Verwerfen Sie das Geschriebene nicht gleich oder überspringen es. Suchen Sie lieber ein Gespräch mit jemandem darüber. Nicht um zu lästern, sondern um Neues zu entdecken und vielleicht sogar anders über bestimmte Dinge nachzudenken. Andere Experiment laden zum Nachspüren ein. Hier müssen und sollen Sie sogar aus dem alltäglichen Tun herauskommen.

Denken bestimmt unser Handeln. Im nächsten Abschnitt soll es genau darum gehen. Freuen sie sich auf eine Möglichkeit, ihre Denkstruktur upzugraden.

„Die Grenzen des Möglichen lassen sich nur dadurch bestimmen, dass man sich ein wenig über sie hinaus ins Unmögliche wagt." (Arthur Clarke)

5.10.2 Das Thoughtware-Upgrade – Eigene Grenzen erweitern

„Nicht von Antwort zu Antwort wachsen wir, sondern von Frage zu Frage." (Konfuzius)

Was ist diese Thoughtware, von der ich spreche? Toughtware ist vergleichbar mit der Software eines Computers. Jeder Computer bekommt fortlaufend Updates, um noch besser zu funktionieren und sich an die neuesten Gegebenheiten der Technik anzupassen.

Bei technischen Dingen ist das bei uns ein normaler Vorgang. Doch fast niemand hinterfragt, woher wir Menschen unsere Denkmuster, Glaubenssätze, Überzeugungen usw. haben und ob diese noch aktuell und förderlich sind. Entsprechen sie unserem Zeitgeist?

Beleuchten wir erst die Frage, woher wir unser Gedankengut haben. Wenn wir unseren mitteleuropäischen Bereich betrachten, werden die meisten von folgenden Personen und Institutionen geprägt worden sein:

- Die Schule, Ausbildungsstätte oder Universität
- Unsere Eltern, Geschwister und Familie im Allgemeinen

Nehmen wir als Beispiel unsere Eltern. Woher haben diese ihr Gedankengut? Natürlich auch von ihren Eltern. Und diese? Wiederum von ihren Eltern. Daran ist nichts schlecht. Ihre Eltern und Vorfahren haben ihnen Wertvolles mitgegeben. Sonst wären Sie heute nicht hier an dieser Stelle und würden dieses Buch lesen. Ich lade sie ein, einen Gedanken weiterzuverfolgen und zu überlegen, ob die Strategien, die das Überleben in den Zeiten der Weltkriege sicherten, Sie heute voranbringen werden. Insbesondere, wenn Sie mit Ihrem Unternehmen in Richtung Innovation aufbrechen wollen. Beobachten Sie Ihre Gedanken und darauf folgende Handlungen gut. Fragen Sie sich, ob das Ihre Strategie ist oder die Ihrer Eltern. Hilft sie Ihnen weiter oder behindert sie Sie?

5.10.3 Sei wie flüssiges Gold

Sich anders als zuvor zu verhalten, kann sich ungewohnt anfühlen. Manchmal kann es sogar beängstigen wirken. Und wieder andere Menschen fühlen sich komisch. Und das ist ganz normal. Erinnern Sie sich daran, als Sie Skifahren, Eislaufen oder Skaten lernten. Die ersten Meter auf dem Schnee, der Eislaufbahn oder der Straße fühlten sich auch komisch und gefährlich an. Die gute Nachricht ist, Sie haben gelernt, Ski zu fahren oder zu skaten oder zu eiszulaufen. Jeder Anfang ist schwer und kann sich komisch anfühlen. Das wird bleiben, bis das Neue sich in Ihren Alltag integriert hat. Wenn Sie mehr und mehr experimentieren, wird Ihnen das Gefühl des Sich-komisch-anfühlens nicht mehr fremd sein. Es wird vielmehr ein Barometer sein, das Ihnen anzeigt, dass Sie gerade etwas Neues tun. Sie merken genau, wann Sie ihre Komfortzone verlassen. Das ist wichtig zu wissen. Denn unsere Box ist nicht daran interessiert, in unbekannte Gefilde aufzubrechen. Wir selbst, unser Unterbewusstsein hält uns davon ab, unsere eigenen Grenzen zu überschreiten.

Der Pflock und der Elefant

Ein Elefantenbaby wurde von Beginn an angebunden. Es lernte, als es noch klein war, dass es sich nicht losreißen konnte. Somit musste es an Ort und Stelle bleiben. Egal ob die Menschen zu im gut waren oder nicht.

Selbst als ausgewachsener Elefant traut sich das ehemalige Baby nicht, sich vom nun kleinen Pflock loszureißen. Denn er denkt, er wäre nicht stark genug. Was er nicht weiß: er ist jetzt so kraftvoll, dass ein Wimpernschlag ausreichen würde, um den kleinen Pflock aus dem Boden zu ziehen. Der Glaubenssatz sitzt so tief, dass die Realität nicht mehr wahrgenommen wird.

Wann geht es Ihnen wie dem Elefanten?

Die Geschichte vom Elefanten zeigt, wie sehr wir uns durch frühere Erfahrungen und Glaubenssätze einschränken lassen. Uns ist nicht bewusst, wieviel wir wirklich erreichen könnten, wenn wir nur etwas offener und mutiger wären. In unserem Fall eine neue Lösung auszuprobieren, den Mitarbeitern mehr zu vertrauen oder es doch zu wagen, auf Homeoffice umzustellen. All diese Dinge werden Sie anfangs in einen sogenannten Flüssigzustand versetzen.

Gold, das einst ein Goldbarren war, muss man schmelzen, verflüssigen, um es in eine neue Form zu bringen. Genauso ist es mit Ihnen, mir und allen anderen Menschen. Die Neuerungen bringen unser System im ersten Schritt etwas durcheinander. Nach kurzer Zeit setzt sich dieses auf eine andere Art und Weise wieder zusammen. Somit haben Sie Ihrem System ein Update gegeben. Spannend nicht? Ich beschreibe Ihnen den Vorgang so, wie ich ihn bei mir, meinen Mitarbeitern und anderen Menschen miterlebt habe. Wenn sie wissen, warum Sie sich komisch oder anders fühlen, können Sie leichter damit umgehen. Dieses Wissen ist sehr hilfreich, um kreativ und innovativ zu arbeiten und den immer schneller kommenden Veränderungen der Arbeitswelt zu begegnen. Wenn Sie dies wissen und achtsam mit sich und Ihren Mitarbeitern sind, können Sie jede Veränderung meistern.

5.10.4 Das Interview mit Tatjana Kiel zur Methode FACE – Der Weg zur Willenskraft

Innovation braucht ein Mindset, das seine Vision bis zum Ende verfolgt und umsetzt.

Wladimir Klitschko steht wie niemand sonst für die Willenskraft, seine Ziele zu erreichen. Im Interview stellt seine CEO, Tatjana Kiel, die FACE-Methode vor. Sie gibt einen Einblick wie FACE Menschen unterstützen kann, ihre Ziele zu erreichen.

Interview mit Tatjana Kiel – CEO Klitschko Ventures

Worauf basiert die FACE Methode? Was macht sie einzigartig und worin liegt der Nutzen für den Anwender?
Wladimir Klitschko steht wie niemand sonst für Willenskraft. Ich habe in seiner aktiven Sportlerzeit erlebt, wie er die vier Kernkompetenzen Focus, Agility, Coordination und Endurance, die heute Grundlage der Methode FACE the Challenge sind, perfekt eingesetzt hat, um seine Ziele zu erreichen.

Um dieses Wissen weiterzugeben, haben wir die Erkenntnisse aus fast 30 erfolgreichen Jahren im Leistungssport extrahiert und daraus die Methode geformt, die jedem Einzelnen von uns den Weg zu Willenskraft aufzeigt und wie man Herausforderungen meistern kann, egal ob persönlicher oder beruflicher Art. Die Methode verbindet dabei in besonderer Weise Körper und Geist.

Wie bringt FACE Körper und Geist zusammen, um ins Spüren zu kommen? Was heißt das konkret? Welche Rolle spielt Angst dabei? Wie wird Angst gesehen und genutzt?
Wir haben gelernt, uns mental auf eine Aufgabe zu fokussieren, sogar auch Multitasking zuzulassen. Wir wissen auch, wie wichtig es ist, Sport

zu treiben. Aber wir vergessen, wie sehr das zusammengehört. Nicht entweder Sport oder Arbeit, sondern in Kombination. Das heißt, wenn ich tief in meiner Arbeit stecke oder sogar feststecke, ist es extrem hilfreich, mich einmal körperlich zu aktivieren. Denn beim Sport bin ich sehr bewusst im Hier und Jetzt und das hilft dabei, Gedankengänge noch einmal konzentriert durchzuspielen und Knoten zu lösen.

Angst hat weniger mit diesem Zusammenspiel von Körper und Geist zu tun.

Zunächst bleibt klarzustellen, dass wir hier nicht von Angst in ernsthaften, bedrohlichen Situationen sprechen. Es geht um die Angst vor Neuem, vor Unbekanntem. Diese Art der Angst sollten wir durchaus positiv betrachten, weil wir in dem Moment deutlich spüren, dass gerade etwas passiert. Sie triggert uns, emotional und körperlich wach zu sein und schnell zu reagieren. Wir müssen lernen, diese Energie zu nutzen. Es ist wichtig, dass ich mich nicht durch Angst lähmen lasse, sondern erkenne, wo sie herkommt, und schnell ins Agieren komme. Die Methode haben wir auch deshalb FACE the Challenge genannt, weil es darum geht, sich Herausforderungen zu stellen, also auch bei Angst vor Neuem, und mutig zu agieren und nicht wegzulaufen.

FACE steht für Willenskraft. Wie wird diese durch FACE gestärkt?
Die vier Kernkompetenzen von FACE bauen aufeinander auf und zeigen den Weg zu Willenskraft, mit der ich all meine Herausforderungen meistern kann.

Bei Focus geht es vor allem um Selbstreflexion, d. h. du machst dir klar, was du wirklich willst, überprüfst, ob du ganz bei dir und deinen Zielen bist, und definierst deine nächste Challenge, deine nächsten Schritte. Im Rahmen von Agility legst du dir einen genauen, aber flexiblen Plan zurecht, in den du bereits potenzielle Hindernisse und Ablenkungen einbaust. Bei Coordination suchst du dir die externen Ressourcen und Menschen, die du brauchst. Du baust du dir das notwendige Netzwerk, dein Team auf, d. h. du suchst dir Verstärkung in den Bereichen, wo du nicht so bewandert bist. Endurance ist ein zentraler Bestandteil der Methode, denn hier geht es darum, Routinen für deinen Alltag zu entwickeln, die dir helfen, dranzubleiben, auch auf lange Sicht. Hast du deine Challenge gemeistert, gehst du genauso bereits deine nächste an, denn mit diesen vier Kernkompetenzen verfügst du über die Willenskraft, die du dazu brauchst.

Wie trägt FACE dazu bei, Unternehmen agiler, resilienter und kreativer zu machen? KLITSCHKO Ventures unterstützt Firmen bei ihren Transformationsvorhaben. Wie wird die Entfaltung der Umsetzungsenergie auf allen Managementebenen durch FACE erreicht?
Es ist unsere Mission, Menschen zu bewegen, deshalb sprechen wir von Human Transformation. Challenges oder Ziele, die ausschließlich die Unternehmensführung oder der eigene Chef ausruft, werden selten von den Mitarbeiter:innen engagiert mitgetragen. D. h. es ist unsere Aufgabe, die einzelnen Mitarbeiter auf den verschiedenen Ebenen zu ihren eigenen Zielen zu befragen, sie mit FACE zu befähigen, ihre eigenen Herausforderungen zu meistern und zu analysieren, wie sie damit auf das große Unternehmensziel einzahlen können. Wir nennen das Challenge Alignment. Erwiesenermaßen sind die Mitarbeiter:innen viel engagierter, wenn sie wissen, welchen Teil sie persönlich zu dem großen Unternehmensziel beitragen können.

Dadurch, dass jeder Einzelne die Kernkompetenzen für sich aufbaut, an seinen eignen Zielen und Plänen und auch gemeinsam am übergeordneten Ziel arbeitet, profitiert auch das Unternehmen von diesem Challenger Mindset seiner Leute und wird insgesamt agiler und resilienter.

5.10.5 Experimente

Experimente helfen uns, unseren Radius des Bekannten zu erweitern. Sie schulen unsere Veränderungskompetenz und bringen kleine Abenteuer in unser Leben, die es noch spannender machen. Die Experimente sind Teil des Buchs, um Innovational Leadership direkt erlebbar zu machen. Innovational Leadership lebt von der Inspiration durch Erfahrungen. Nur dadurch erweitern Sie Ihren Horizont und können Neues mit in Ihr Unternehmen bringen. Experimente sind eine Inspirationsquelle, die Sie unabhängig von anderen Menschen nutzen können.

Ein Experiment kann bereits auch das Weglassen das Kaffees am Morgen sein oder gar zwei Wochen von Kapstadt aus remote zu arbeiten. Im Folgenden finden Sie eine Auswahl an Experimenten, auf die Sie wahrscheinlich nicht selbst kommen würden. Wählen Sie zwei Experimente aus und verpflichten Sie sich, diese innerhalb der nächsten Woche zu beginnen.

Das Grid Experiment

Fahren Sie mit ihrem Zeigefinder über die untenstehende Grafik mit dem Namen *Grid*. Starten Sie von unten links, gehen Sie nach oben, eins weiter nach rechts und wieder nach unten, eins weiter nach rechts und wieder nach oben. Das tun Sie so lange, bis Sie ganz oben rechts in der Ecke angekommen sind. Spüren Sie nach. Beobachten Sie sich über den Tag hinweg. Klingt komisch? Sehr gut. Dann ist das Grid Experiment genau Ihr Experiment. Haben Sie viel Spaß dabei. Am meisten werden Sie profitieren, wenn Sie es täglich einmal über einen Zeitraum von drei Wochen tun. Drucken Sie sich hierfür die Grafik in Abb. 5.1 aus [2].

Nutzen sie den Downloadlink Grid (https://martinaswoboda.com/buch-innovational-leadership/) oder den QR-Code, um sich die Grafik für das Experiment herunterzuladen.

Ich bin bereit mich zu verändern.

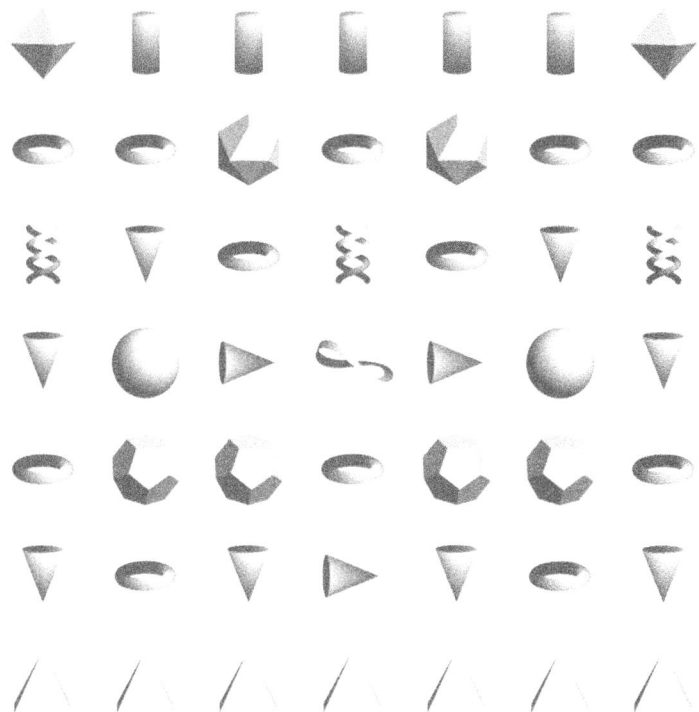

Abb. 5.1   Grid – Ich bin bereit mich, zu verändern

Tagesmantra

Rezitieren oder singen Sie über zwei Wochen jeden Tag eines der Mantren. Suchen Sie sich für die Zeit eines aus. Rezitieren oder singen Sie am Morgen und am Abend sowie in Situationen, in denen Sie gestresst sind. Beobachten Sie sich. Wie geht es Ihnen dabei und danach? Machen Sie es bitte auch, wenn Sie sich komisch dabei vorkommen. Das vergeht. Sie müssen es ja nicht in der Öffentlichkeit tun. Die Mantren stammen aus buddhistischen und indischen Traditionen.

OM TARE TUTTARE TURE SOHA – Link: Video – YouTube.

- OM MANI PADME HUM – Link: Video YouTube

- Hoo Shuddhatma chhu
- Jai Sat Chit Anand

Zwanzig Minuten für Sie – Resilienz durch LuJong

Bewegen Sie sich und kommen Sie danach durch eine kurze Meditation oder Innehalten zur Ruhe. Starten Sie so in den Tag für mindestens zwei Wochen.

Ich empfehle Ihnen LuJong, tibetisches Yoga, zu praktizieren. Ihre Übungen können Sie jeden Tag in maximal 15 min durchführen. Danach setzen Sie sich fünf Minuten hin und meditieren. LuJong ist eine Praktik aus den Klöstern Tibets. Sie dient dazu, den Körper gesund zu erhalten und den Geist zu beruhigen. LuJong ist inklusiv. Sie können mit jeder körperlichen Situation starten. Die Übungen werden individuell darauf angepasst. Sofern Sie es Ihrer Lehrerin sagen. LuJong arbeitet sanft, schult das Gefühl für die eigenen Grenzen und gibt gleichzeitig Energie für den Tag.

Suchen Sie sich einen Kurs und fangen Sie an, LuJong zu praktizieren. Geben Sie sich ein Commitment, den kompletten Kurs zu besuchen. Starten Sie mit den fünf Elementen. Das ist ausreichend. Es sind nur fünf Übungen plus eine Atemtechnik. Das ist nicht viel und auch für den geschäftigsten Manager machbar.

Viel Spaß bei der Bewegung und ihrer anschließenden kleinen Meditation. Diese können Sie auch auf einem Stuhl machen. Sie müssen nicht im Yogasitz sitzen. Das ist für uns Europäer nicht immer leicht. Ausreden gibt es nicht. Denn jeder kann LuJong praktizieren und auf einem Stuhl meditieren.

Fernsehabend mit Mehrwert

Ein Fernsehabend kann durch den entsprechenden Film Inspiration schenken oder Sie über Themen nachdenken lassen, mit denen Sie sich sonst nicht beschäftigen (wollen). Viel Vergnügen mit der Filmzusammenstellung. Und denken Sie daran, nicht gleich abzuwinken und über Netflix eine Serie zu streamen.

- Nokan – die Kunst des Ausklangs
- Blaubeerblau – Ein Vorschlag zum Glück
- Barfuß auf Nacktschnecken
- Das Ende ist mein Anfang
- Avatar
- Matrix – Erster Teil
- Grüne Tomaten
- Wenn Träume fliegen lernen
- Wie im Himmel

In den Filmen geht es um die Themen Loslassen, Passion, Zusammenhalt, Glück, Freude und was ist wichtig im Leben. Lassen Sie sich durch dieses Portfolio verzaubern, in andere Welten mitnehmen und sich spielerisch mit Themen auseinandersetzen, die wir oft meiden.

Das Selleriesaftexperiment

Bereiten Sie sich, für zwei Wochen, jeden früh einen frisch gepressten Selleriesaft zu. Trinken sie ihn auf nüchternen Magen. Selleriesaft hat viele gesundheitlichen Vorteile. Wenn Sie den Geschmack nicht mögen, dann machen Sie eine Mischung:

- Drei Stangen Staudensellerie und ein kleiner Apfel
- Drei Stangen Staudensellerie und ein Drittel einer frischen Gurke
- Drei Stangen Staudensellerie, ein halber Apfel und ein Viertel frische Gurke
- Oder nur Staudensellerie – eventuell mit Wasser gestreckt

Wenn möglich, verwenden Sie die Zutaten in Bioqualität. Wenn Sie keinen Entsafter haben, dann kaufen Sie sich einen. Alternativ bieten viele Biomärkte frischen Obst- und Gemüsesaft zum Mitnehmen an. Dann holen Sie sich dort einen Saft. Es ist essenziell, dass der Saft frisch gepresst ist. Frisch aus dem Entsafter! Nicht aus einer Safttüte, auf der frisch gepresst steht. Das ist ein Unterschied. Sollten Sie Unverträglichkeiten gegenüber den Inhaltsstoffen haben, machen Sie dieses Experiment natürlich nicht.

Die Experimente dienen dazu, dass Sie etwas Neues in Ihren Tagesablauf einplanen. Manchmal genügt eine kleine Änderung im gewohnten Ablauf, um neue Ergebnisse zu erzielen. Vielleicht fangen Sie mit jemanden ein Gespräch über einen Film an, den Sie angesehen haben. Oder Sie berichten über Ihr Selleriesaftexperiment oder, oder, oder.

Lassen Sie sich auf die vorgeschlagenen Dinge ein. Sie sind sehr gut für den Anfang. Sollten Ihnen die Experimente zu langweilig sein, dann legen Sie mit etwas Verrückterem los. Es ist Ihre Entscheidung.

5.11 Wann sich Innovation zeigt

Innovation zeigt sich in Arbeitsumgebungen, die diese unterstützen. Unterstützen im Sinne einer Führung, die Mitarbeitern Raum lässt, sie fördert, wertschätzt und ihnen Begeisterung vorlebt. Innovation wird der Unterschied zwischen den Firmen der Zukunft und heute sein. Diejenigen, die zusammen mit ihren Mitarbeitern vorangehen, Ideen austauschen, sich gegenseitig unterstützen und Feedback geben, werden viel eher in der Lage sein, langfristig innovative Produkte und Dienstleistungen auf den Markt zu bringen.

Innovation ist nichts, was plötzlich auftaucht und durch Glück bedingt ist. Innovation ist die Folge von einer Reihe von Dingen, die man mittel- bis langfristig richtig gemacht hat. Firmen und ihre Führungskräfte, die digitale Neuerungen integriert haben, offen für virtuelle oder auch hybride Arbeitsmodelle sind und ihre Teams eigenverantwortlich arbeiten lassen, sind dafür bestens gerüstet. Sollten Sie eine eigenverantwortliche und selbstorganisierte Arbeitsweise ablehnen und die Digitalisierung so gut es geht aus ihrem Unternehmen heraushalten, werden Sie voraussichtlich nicht in Richtung Innovation unterwegs sein. Dies könnte natürlich Ihre Entscheidung gewesen sein.

Machen Sie sich bewusst, dass Ihre Handlungen Auswirkungen haben. Je nachdem, wie Sie führen und Ihre Mitarbeiter behandeln und arbeiten lassen, werden Sie ein anderes Ergebnis bekommen.

Sollten Sie sich somit nicht sicher sein, was Sie tun möchten, dann geben Sie dem Innovational-Leadership-Konzept eine Chance. Geben

Sie Ihr Commitment für sechs, neun oder zwölf Monate und probieren Sie es aus. Sie kommen soweit Sie kommen. Betrachten Sie nach Ihrer gewählten Zeitspanne die Ergebnisse. Hat sich die Zusammenarbeit verbessert? Wie ist die Stimmung im Team? Wie sehen die Ergebnisse aus? Wie motiviert sind Ihre Mitarbeiter jetzt?

Vergessen Sie nicht, erst das Basisgeschäft sichern und dann in Richtung Kreativität und Innovation aufbrechen!

5.11.1 Wie Sie Ihr Team zur Innovation führen

Innovation aus dem Unternehmen heraus entstehen zu lassen, ist eine Kunst, die es für Führungskräfte zu erlernen gilt. Wichtig ist, dass Sie die kleinen Triebe von Kreativität und Passion pflegen und gießen. Wie bei einer Pflanze, die sie stärken und wachsen lassen möchten. Die Innovationsbewegungen in einem Bereich verhalten sich wie junge Pflanzen. Sie sind noch nicht widerstandsfähig genug, um sicher allein klar zu kommen. Somit liegt es an Ihnen als Führungskraft, Aufmerksamkeit, Wertschätzung und Ressourcen in diese Vorhaben zu leiten.

Sie fragen sich, wie Sie das bewerkstelligen sollen? Um als Führungskraft derartig unterstützen zu können, benötigen Sie eine Matrix. Eine Matrix ist wie ein Rankgitter, das Rosen nutzen, um nach oben zu wachsen. Je größer die Matrix ist, die ein Mensch hat, desto größer ist sein Potenzial für seine persönliche Weiterentwicklung.

Die Matrix ist im energetischen Bereich unseres Körpers angesiedelt. Das klingt abstrakt oder gar esoterisch? Wenn ihre Antwort auf die Frage ja ist, dann bauen Sie gerade weitere Matrix auf. Matrix aufzubauen war und ist fester Bestandteil jeder meiner Teambesprechungen. Teils bauen Menschen bereits Matrix auf, wenn Sie alle Tische in einem Raum entfernen, einen Stuhlkreis aufstellen und die Tagesordnung erst im Raum erstellen. Andere Möglichkeiten für den Matrixaufbau sind, wenn Sie Menschen Kurzvorträge halten lassen oder diese Tagesordnungspunkte übernehmen. Nicht jeder kann vor Gruppen frei sprechen. Dies ist für viele eine Herausforderung. Matrix und Herausforderungen hängen zusammen. Indem Sie sich einer neuen Herausforderung oder gar Angst stellen, verlassen Sie Ihre Komfortzone, Ihre Box und bauen Matrix auf. Auf dieser können Sie sich weiterentwickeln und wieder einen Schritt weiter gehen. Diesmal vielleicht vor noch mehr Menschen sprechen.

Fangen Sie mit kleinen und einfachen Dingen an. Sonst überfordern Sie sich selbst und Ihr Team. Dies hätte zur Folge das bereits am Anfang die Motivation und die Freude am Neuen verloren geht. Und etwas ganz Wichtiges – lassen Sie niemanden etwas tun, was Sie nicht selbst tun würden. Nutzen Sie für sich die Experimente aus dem vorangehenden Abschnitt, um im ersten Schritt selbst Matrix aufzubauen. Der zweite Schritt ist mit Ihrem Team zusammen, weitere Matrix aufzubauen [2].

Hier einige Ideen für den Anfang:

- Halten Sie die nächste Besprechung im Stuhlkreis ab.
- Erstellen Sie die Agenda erst in der Besprechung – geben Sie vorab die Aufgabe, dass jeder sich Gedanken über sein Thema macht und dies vorbereitet mitbringt – Lassen Sie die Mitarbeiter zuerst ihre Agendapunkte nennen und fragen Sie sie, wie lange Sie für deren Vorstellung brauchen – Halten Sie die Punkte und Dauer auf einem Flipchart fest – Wenn Sie alle Punkte inklusive Ihrer Anliegen haben, priorisieren Sie die Punkte mit dem Team zusammen – Je nach Zeit die Sie für die Besprechung angesetzt haben, gliedert sich nun die Besprechung – Jetzt legen Sie los – Achten Sie strikt auf die Zeiteinhaltung der Punkte – Sollten Sie etwas nicht schaffen, nehmen Sie es in den Themenspeicher auf oder vereinbaren Sie einen neuen Termin mit Ihrem Team.
- Schicken Sie Ihre Mitarbeiter auf Persönlichkeitsentwicklungstrainings – natürlich nur die Personen, die freiwillig wollen.
- Ermöglichen Sie ihren Mitarbeitern Trainings und Workshops zu den Themen Kommunikation, Konfliktmanagement, Selbstpositionierung – es geht hierbei um die Social Skills, nicht um Fachthemen
- Starten Sie mit Ihrem ersten Bereichs- oder Abteilungsfrühstück

Um Matrix aufzubauen und den Sprung zu Kreativität und Innovation zu schaffen, gibt es eine grundlegende Voraussetzung, an die ich Sie erinnern möchte. Ihr Basisgeschäft muss gesichert sein. Erinnern Sie sich an den Abschnitt? Wenn nicht, gehen Sie zurück und schlagen es nach [3].

> „Ein gesichertes Basisgeschäft zeigt sich dadurch, dass ihre Basisprodukte oder Dienstleistungen gut laufen. Ohne große Anstrengung. Sie haben die Prozesse so aufgesetzt das jeder weiß was zu tun ist. Sie haben eine Mannschaft aufgebaut die qualifiziert ist und ihre Arbeit in einer angemessenen Zeit schafft. Sie haben eine grundlegende Mitarbeiterzufriedenheit in ihrem Unternehmen oder Team. Sie bleiben in ihrem Budget und schreiben schwarze oder gar grüne Zahlen." [3]

Es ist essenziell wichtig, dass Ihr Basisgeschäft gesichert ist. Sonst wird Ihnen der Sprung zur Innovation nicht oder nur schwer gelingen.

Erinnern Sie sich an vergangene Change-Projekte in Ihrem oder anderen Unternehmen? Führten diese Projekte zum Erfolg oder gar zur Innovation? Ich kenne leider keine.

Warum Change Manager scheitern

Hoch motivierte Change Manager mit super Ideen und tollen Ansätzen kamen in operative Bereiche und scheiterten reihenweise. Warum war das so? Die Menschen die, sie mit ihren neuen Ansätzen begeistern wollten, waren noch zu sehr damit beschäftigt, ihr Basisgeschäft zu sichern. Die operativen Mitarbeiter kämpften jeden Tag ums Überleben. Zuviel Arbeit, zu wenig Personal, zu hohe Krankheitszahlen und eine sehr große Unzufriedenheit waren an der Tagesordnung. Dies ist keine fruchtbare Basis für Kreativität und Innovation [3].

Die Mitarbeiter im Beispiel waren zu sehr damit beschäftigt, ihre täglichen Aufgaben zu bewältigen, sodass sie keine Kapazität für andere Dinge hatten – in diesem Fall für die Ideen der Change Manager. Die Mitarbeiter wendeten lieber Energie auf, um eine drohende Veränderung abzuwenden. Dies ist leider oft der Fall und hilft niemandem. Es geht nicht darum, ob die Ideen gut oder schlecht waren. Es geht um die Kapazität der Mitarbeiter und betroffenen Bereiche, Veränderung annehmen und umsetzen zu können. Menschen, die mit ihrer täglichen Arbeit mehr als ausgelastet oder gar überfordert sind, verfügen über keine freien Kapazitäten mehr. Egal, worum es sich handeln würde. An diesem Punkt ist es essenziell wichtig, zu verstehen, dass die Basis für Kreativität und Innovation ein gesichertes Basisgeschäft bildet und im zweiten Schritt Vertrauen und der Aufbau von Matrix, dem Durchführen von Experimenten, die zu neuen Ideen und Möglichkeiten inspirieren.

Es führen zwei Wege in die Veränderung, über Leid oder über Freude und Passion. Nur einer davon führt jedoch sicher und auf geregelten unternehmerischen Bahnen zu Kreativität und Innovation. Über die Sicherung des Basisgeschäfts schaffen Sie Raum für Kreativität und Innovation und erwecken die Passion Ihrer Mitarbeiter. Dieser Weg ist langfristig, nachhaltig und zukunftsträchtig.

Passionierte Mitarbeiter, die hinter ihrem Unternehmen und Team stehen, sind unbezahlbar. Wenn Sie diesen Menschen Raum und Handlungsspielraum geben, werden sie automatisch ihre Ideen einbringen und umsetzen. Sie werden sich auch in ihrer Freizeit Gedanken machen, wie sie etwas verbessern können. Denn das einst fremde Unternehmen wurde zu ihrem Unternehmen [3].

Um Ihr Basisgeschäft mit dem Innovational-Leadership-Konzept zu sichern, sind die Selbstorganisation Ihres Teams, ein gewisser Grad an Digitalisierung und virtueller Führung wesentliche und unverzichtbare Mittel, um Ihr Unternehmen langfristig erfolgreich und nachhaltig am Markt zu platzieren.

Fazit

Erst wenn das Basisgeschäft gesichert ist, kann Raum für Kreativität und Innovation geschaffen werden. Beherzigen Sie die Reihenfolge. Gut Ding braucht Weile. Lassen Sie Geduld und Vertrauen als Ihre Berater mit auf die Reise gehen.

Tab. 5.5 Unterscheidung der vier Räume – Welcher Raum steht wofür?

Physischer Raum	Mentaler Raum
Gesundheit, Fuhrpark, Büros etc.	Mentale Weiterentwicklung, Wissensaufbau, Austausch, Dialog, Debatten
Emotionaler Raum	Energetischer Raum
Empathie, Gefühle, Emotionen, Ängste, Krisenbewältigung	Morphische Felder, Intuition, jegliche Art von energetischen Feldern, die Menschen und ihre Umgebung betreffen

Erstellt von Martina Swoboda

5.11.2 Von zu navigierenden Räumen

Der Raum im Innovational-Leadership-Konzept gliedert sich in vier Räume. Der physische und mentale Raum sind die bekanntesten. Im emotionalen Raum geht es um unsere Gefühle und Emotionen. Der energetische Raum bezieht sich z. B. auf morphische Felder und mehr. Das sind viele neue Informationen? Das Einzige, was Sie im Moment mit den Informationen tun sollen, ist Sie auf sich wirken zu lassen. Mehr ist nicht nötig.

Stellen Sie sich vor, Sie betreten einen Besprechungsraum und haben spüren sofort: Hier stimmt etwas nicht; es liegt Anspannung in der Luft. Dies ist eine energetische Dimension und dem energetischen Raum zuzuordnen.

Ein Innovational Leader – auf den ich im nächsten Kapitel näher eingehen werde – hat die Verantwortung und die Fähigkeit, alle vier Räume zu navigieren und gegebenenfalls die Raumqualität zu verändern. Eine Raumqualität bestimmt das, was möglich ist in diesem Raum. Im Innovational-Leadership-Kontext wollen wir natürliche eine Raumqualität erzeugen, die Kreativität und Innovation unterstützt und hervorbringt. Zudem ist der Innovational Leader verantwortlich für die soziale, ökologische und ökonomische Nachhaltigkeit.

Wenn Sie digital führen, sind diese Fähigkeiten enorm wichtig und vereinfachen Ihre Arbeit ungemein. Diese Fähigkeiten entwickeln sich im Lauf der Zeit. Je nachdem, wie viel Aufmerksamkeit Sie in die Entwicklung hineingeben. Der erste Schritt ist, ihren Fokus darauf zu legen, zu beobachten, wahrzunehmen und alternative Handlungsmuster zu erlernen ([2]; Tab. 5.5).

Jeder Raum ist mit jedem anderen Raum verbunden. Kein Raum steht allein. Wenn Sie den Raum ihrer Belegschaft verändern, sodass mehr Freude an der Arbeit, bessere Ergebnisse und gar kreative Lösungen entstehen, so hat dies einen Einfluss auf die benachbarten Abteilungen und deren Raumqualität. Die Raumqualität hängt direkt mit den Möglichkeiten zusammen. Ein förderliches Klima bringt mehr hervor als eine Kultur der Angst.

Denken Sie an Pflanzen: Werden sie in einem zuträglichen Raum gepflanzt, gedeihen sie prächtig. Pflanzen Sie diese an einer schattigen, dunklen und trockenen Stelle, werden sie nicht wachsen. Die Raumqualität beinhaltet die vier Aspekte der Räume. Die physische Qualität, hier würden die Bodenqualität, Wasser etc. hineinfallen. Die mentale Qualität wäre in diesem Fall, welche Gedanken sich der Gärtner zu Pflege oder zum Standort gemacht hat. Die emotionale Qualität ist das Verhältnis des Gärtners zur Pflanze. Ist es ihm wichtig, dass sie gedeiht oder musste er sie dort pflanzen? Die energetische Qualität bezieht sich im Fall von Pflanzen auf z. B. Wasseradern, ob sie dort willkommen sind im Sinn „oh wie schön, Blumen" oder abgelehnt werden: „will doch eh keiner haben". Alle vier Räume und deren Qualitäten spielen zusammen und ergeben eine Symphonie und ihr Ergebnis. Es heißt auch, dass man Raumqualitäten bewusst verändern kann. Sie können Ihre Einstellung zu den Pflanzen ändern, mental, emotional und energetisch sowie physisch den Standort verändern.

Eine andere Technik ist es, kleine Lücken zwischen den Räumen entstehen zu lassen, um Raum für Kreativität und Innovation zu schaffen. Im Folgenden erhalten Sie weitere kleine Experimente, um mehr Kreativität und neue Erfahrungen zu sammeln. Denken Sie zurück an den Abschnitt mit der Matrix. Diese Experimente erhöhen ihre Matrix und somit ihre Veränderungs- und Innovationskompetenz. Wenn Sie sich innerlich sträuben, super. Dann befinden Sie sich am Rande ihrer Komfortzone. Seien Sie versichert, Ihnen wird nichts Schlimmes passieren, wenn Sie die Experimente ausprobieren. Sie werden ganz im Gegenteil neue und spannende Erfahrungen machen. Und dies mit ganz kleinem Aufwand. Suchen Sie sich eines der beiden Experimente aus und führen Sie es bis morgen Abend durch.

Die Wissenslücke

Nehmen Sie an einer Besprechung, einem Workshop, einer Runde teil, ohne sich vorzubereiten oder noch besser von deren Thematik Sie keine Ahnung haben. Wie navigieren Sie sich ohne Wissen durch diese Situation? Wie denken Sie, treffen Sie Entscheidungen, verhandeln Sie, wenn Sie keine Informationen haben? Sie befinden sich in dieser Situation auf unbekanntem Terrain.

Die Kommunikationslücke

Legen Sie einen Tag der Stille ein oder drei Stunden der Stille. Kommunizieren Sie in dieser Zeit nicht. Das heißt sprechen Sie nicht, beantworten Sie keine Nachrichten, E-Mails oder ähnliches. Hängen Sie ein Nicht-stören-Schild an Ihre Tür. Besser noch, gehen Sie in ein Café oder arbeiten Sie von zu Hause aus oder in der Natur. Wie geht es Ihnen damit? Haben Sie Automatismen bemerkt?

Experimente, neue Erfahrungen und Inspirationen von außen sind die besten Möglichkeiten, Kreativität zu erwecken und wach zu halten. Reisen in Länder, in denen Sie noch nicht waren, sind zudem ein gutes Mittel, um Ideen mitzubringen. Sollten Sie jedes Jahr zum Gardasee in dieselbe Stadt fahren, könnten Sie sich einen Wechsel überlegen. Es könnte durchaus spannend werden.

So wie im Privaten neue Eindrücke zu neuen Ideen führen, ist es in der Arbeit auch. Hier bieten sich Barcamps, Tagungen, Seminare, Hospitationen, Mentoringprogramme, Berufsnetzwerke oder Besichtigungen an. Vielleicht haben Sie auch einen Kooperationspartner im Ausland, den Sie besuchen können, um zu erfahren, mit welchen Themen diese Firma gerade Herausforderungen hat oder auch gute Lösungen findet.

Literatur

1. Swoboda, M. (2019) *Innovation – Wüste oder Quelle.* https://martinaswoboda. com/2019/11/15/innovation-gezielt-foerdern/. Zugegriffen am 08.05.2022.
2. Swoboda, M. (2022). Von der Hierarchie zur Innovation – mit Innovational Leadership. In E. Bozyazi & D. Kurt (Hrsg.), *Soziale Nachhaltigkeit und digitale Transformation* (S. 129–141), Stuttgart: Schäffer-Poeschel.
3. Swoboda, M. (2022). Innovational Leadership. In A. Rusnjak (Hrsg.), *Playbook für Innovatoren*, Wiesbaden: Springer.
4. 99designs, https://99designs.de/blog/kreatives-denken/was-ist-kreativitaet/, abgerufen am 10.10.2021.
5. Wirtschaftslexikon Gabler, https://wirtschaftslexikon.gabler.de/definition/ innovation-39624/version-263028, Revision von Innovation vom 14.02.2018 - 17:32 https://wirtschaftslexikon.gabler.de/definition/innovation-39624, abgerufen am 09.05.2022.

6

Die selbst innovierende Organisation

Für zukunftsträchtige Experimente braucht es Vertrauen.
(Martina Swoboda)

Wie könnte eine selbst innovierende Organisation der Zukunft aussehen?

In meiner Vision wandeln sich Führungskräfte zu Innovational Leadern. Was unterscheidet einen Innovational Leader ganz genau von einer Führungskraft? ([1]; Tab. 6.1).

> Raum hat im Kontext des Innovational Leader erweiterte Dimensionen (Tab. 6.2).

Der Innovational Leader deckt die Kompetenz ab, noch nie dagewesene Probleme lösen zu können, und das ohne Drama und schnell. Ein Innovational Leader hat die Fähigkeit, ohne zu wissen, wie etwas funktioniert, kreativ mit seinem Team Lösungen zu finden und zu handeln.

© Der/die Autor(en), exklusiv lizenziert an Springer-Verlag GmbH, DE, ein Teil von Springer Nature 2022
M. Swoboda, *Innovational Leadership*, https://doi.org/10.1007/978-3-662-65783-6_6

Tab. 6.1 Unterscheidung Führungskraft vs. Innovational Leader [1]

Führungskraft	Innovational Leader
Seinen eigenen Zielen verpflichtet	Ist der Entwicklung seines Teams und deren Zielen verpflichtet
Geht nach Vorgaben und Möglichkeiten des Arbeitgebers vor	Kreiert neue Möglichkeiten für sich und das Team
Hat einen begrenzten Verantwortungsbereich	Verantwortlich für jede Aufgabe in seinem Raum
Handelt aus erworbenem Wissen heraus	Handelt aus dem Nichtwissen heraus
Handelt zu seinem eigenen Wohl oder des Bereichs	Handelt zum Wohle des großen Ganzen
Kümmert sich meist nur um den physischen und mentalen Raum (siehe Tab. 5.5 und 6.2)	Verantwortet alle vier Raumdimensionen (siehe Tab. 5.5 und 6.2)

Tab. 6.2 Die vier Dimensionen des Innovational Leader [1]

Physischer Raum	Mentaler Raum
Zum Beispiel Büros; er hat auch die körperliche Gesundheit jedes Einzelnen im Auge; Urlaubs- und Arbeitszeiten werden ernst genommen und dienen der Erholung	Zum Beispiel Weiterbildung; Forderung aber nicht Überforderung; Inspiration; Experimente
Emotionaler Raum	**Energetischer Raum**
Ein Innovational Leader kümmert sich um die Gefühle der Menschen wie z. B. Ängste, Wut, Traurigkeit und Freude	Er kreiert einen Raum, in dem Kreativität und Innovation gelebt werden können. Einen Raum und ein Arbeitsumfeld, in denen Werte wie Qualität, gegenseitige Unterstützung und Integrität gelebt werden
Er bewältigt nicht nur Gefühle und Emotionen, sondern feiert auch Erfolge mit seinem Team	Eine gute Definition über energetische Räume bekommen Sie bei der Theorie der morphischen Felder. Dies wäre an dieser Stelle zu ausschweifend

Er fällt in keine Erstarrung und wartet bis andere die Verantwortung übernehmen, sondern geht proaktiv die Herausforderungen an. Die Fähigkeit in noch nie dagewesenen Situationen verantwortlich und zielgerichtet zu handeln, setzt ein sehr hohes Maß an Integrität und Verantwortlichkeit voraus. Verantwortung nicht nur für sich selbst und seinen Zielen gegenüber, sondern für den gesamten Raum inklusive aller Menschen, die das Problem betrifft. Dies ist nicht selten ein ganzes Unternehmen.

Diese Fähigkeiten werden immer wichtiger werden. Denn in unserer Welt passieren immer schneller und öfter Dinge, die wir nicht vorhersehen konnten. Dinge, die uns im ersten Moment ratlos, rastlos und ängstlich machen. An diesem Punkt entfalten die Fähigkeiten des Innovational Leader ihr enormes und gewinnbringendes Potenzial für Mitarbeiter, Unternehmen und die Umwelt [1].

Fazit

In einer sich rasant ändernden Arbeitswelt bietet das Innovational-Leadership-Konzept einen nachhaltigen und erfolgreich erprobten Ansatz, um neuen Herausforderungen zu begegnen. Starten Sie mit der Entscheidung, sich und Ihrem Team zu vertrauen. Geben Sie Ihrem Team einen größeren Handlungsspielraum, etablieren Sie selbstorganisiertes und eigenverantwortliches Arbeiten in Ihrem Bereich. Nutzen Sie die Möglichkeiten der Digitalisierung für sich und Ihr Unternehmen. Sichern Sie damit Ihr Basisgeschäft. Dann werden Sie im zweiten Schritt den Sprung zu Kreativität und Innovation schaffen, den Sie benötigen, um sich zukünftig nachhaltig und langfristig am Markt zu positionieren.

Führen Sie Ihre Mitarbeiter in den Bereich der Passion für ihre Arbeit, um Innovation zu erzeugen. Bringen Sie neue Möglichkeiten, Dienstleistungen und Produkte für Ihre Kunden auf den Markt. Bestehen Sie langfristig und nachhaltig als Player am Markt. Und behalten Sie Ihre eigene Vision der optimalen und für Sie erstrebenswerten Arbeitswelt im Blick [1].

Um kreativ und innovativ arbeiten zu können und dies im Tagesgeschäft zu etablieren, habe ich zusammen mit meinem Team viele Experimente gemacht. Experimente, die uns neu und anders denken ließen. Dafür war viel Vertrauen im Team notwendig. Dieses baute ich über die Sicherung des Tagesgeschäfts auf. Kleine Schritte sind am Anfang essenziell wichtig. Probieren auch Sie das Modell der Selbstorganisation aus und fügen Sie digitale Tools hinzu. Wagen Sie dann den Schritt in die Innovation. Innovational Leadership ist ein Prozess, es ist mehr ein Marathon und kein Sprint. Darum genießen Sie die Zeit auf dem Weg mit Ihrem Team. Das High auf dem Berggipfel wird nur kurz andauern. Schaffen Sie Raum für Nachhaltigkeit jeglicher Art, Kreativität und Innovation. Kreieren Sie für sich und Ihre Mitarbeiter eine außergewöhnliche und innovative Arbeitswelt [2].

„If you can dream it, you can do it." (Walt Disney)

Literatur

1. Swoboda, M. (2022). Innovational Leadership. In A. Rusnjak (Hrsg.), *Playbook für Innovatoren*, Wiesbaden: Springer.
2. Swoboda, M. (2022). Von der Hierarchie zur Innovation – mit Innovational Leadership. In E. Bozyazi & D. Kurt (Hrsg.), *Soziale Nachhaltigkeit und digitale Transformation* (S. 129–141), Stuttgart: Schäffer-Poeschel.

The manufacturer's authorised representative in the EU is Springer
Nature Customer Service Centre GmbH, Europaplatz 3, 69115 Heidelberg,
Germany. If you have any concerns regarding our products, please
contact ProductSafety@springernature.com

Printed and bound by CPI Group (UK) Ltd, Croydon, CR0 4YY
24/04/2026
02096335-0012